Lisa Lensing • Joseph Gasteiger-Rabenstein • Paul Lensing

Jäger kochen Wild

Umschlaggestaltung: Joseph Gasteiger-Rabenstein
Alle übrigen Fotos: Joseph Gasteiger-Rabenstein, Lisa Lensing, Paul Lensing

Der Inhalt dieses Buches wurde von den Autoren und dem Verlag nach bestem
Gewissen geprüft, eine Garantie kann jedoch nicht übernommen werden.
Die juristische Haftung ist ausgeschlossen.

Auf Wunsch senden wir Ihnen gerne kostenlos unser Verlagsverzeichnis zu:
Leopold Stocker Verlag GmbH
Hofgasse 5 / Postfach 438
A-8011 Graz
Tel. +43 (0)316/821636
Fax. +43 (0)316/835612
E-Mail: stocker-verlag@stocker-verlag.com
www.stocker-verlag.com

Bibliographische Information der Deutschen Nationalbibliothek
Die Deutsche Nationalbibliothek verzeichnet diese Publikation in der Deutschen
Nationalbibliographie; detaillierte bibliographische Daten sind im Internet über
http://dnb.d-nb.de abrufbar.

Hinweis: Dieses Buch wurde auf chlorfrei gebleichtem Papier gedruckt. Die zum
Schutz vor Verschmutzung verwendete Einschweißfolie ist aus Polyethylen chlor-
und schwefelfrei hergestellt. Diese umweltfreundliche Folie verhält sich grund-
wasserneutral, ist voll recyclingfähig und verbrennt in Müllverbrennungsanlagen
völlig ungiftig.

ISBN: 978-3-7020-1369-1

Alle Rechte der Verbreitung, auch durch Film, Funk und Fernsehen, fotomechani-
sche Wiedergabe, Tonträger jeder Art, auszugsweisen Nachdruck oder Einspeiche-
rung und Rückgewinnung in Datenverarbeitungsanlagen aller Art, sind vorbehalten.

© **Copyright: Leopold Stocker Verlag, Graz, 4. Auflage 2019**

Repro: Werbeagentur Rypka GmbH, 8143 Dobl, www.rypka.at
Druck und Bindung: Livonia Print SIA, Lettland

Lisa Lensing • Joseph Gasteiger-Rabenstein • Paul Lensing

Jäger kochen Wild

*Lieblingsrezepte und Anekdoten
leidenschaftlicher Jäger*

4. Auflage

Leopold Stocker Verlag
Graz – Stuttgart

*Für die freundliche Unterstützung
bedanken sich die Autoren bei ...*

Leopold Stocker Verlag
Irmtraud Weishaupt-Orthofer
Josef Pollhammer
Gollhammer Keramik
Helmut Dschulnigg
Peter Horejsi
Helmut König
Stefan Hajszan
Peter Neumann
Ludwig Sayn-Wittgenstein-Sayn

Vorwort

Jäger kochen WILD! Als ich diesen Titel das erste Mal hörte, war mir klar, dass dieses Kochbuch kein klassisches Nachschlagewerk wird. Denn diese Mischung aus altgedienten, leicht zu kochenden und doch besonderen Speisen und einem jagdlichen „Who is Who" ist etwas Einmaliges. Die bunte Mischung der kochenden Jäger, die ihre Lieblingsrezepte hier verewigt haben, lässt auf eine große Variation an genussvollen Gerichten hoffen.

Als die Autoren mich gebeten haben, das Vorwort für dieses Buch zu schreiben, war ich hocherfreut, da ich nicht nur selbst seit Jahren leidenschaftlich jage, sondern schon immer sehr an der privaten Verwertung von Wild interessiert war. Die meisten Kochbücher jedoch sind eher für den Haubenkoch in „Kochlatein" geschrieben und nicht für den praktischen Jäger mit etwas Jägerlatein gewürzt.

Ich hoffe, diese „wilden" Rezepte finden Einzug in viele Haushalte, damit sich alle an köstlichen Speisen aus der klassischsten aller „Zuchtanstalten" – der Natur – erfreuen können!

Louis Sayn-Wittgenstein-Sayn

| 14 | Über Wildbret im Allgemeinen |

Hirsch

18	Hirschfleischknödel mit Speckkrustl-Sauerkraut
	Louis Sayn-Wittgenstein-Sayn
22	Hirschlaibchen
25	Wildburger
	Hubertus Herring-Frankensdorf
28	Hirschterrine
	Stephanie Egghart
32	Hirschragout
	Alexandra Schertler
36	Hirschrücken an Portwein-Maroni mit Rotkraut und Serviettenknödeln
	Gundaccar Wurmbrand-Stuppach
42	Hirschtatar
	Friedrich Hardegg

Reh

46	Maibock
	Bertram Quadt
50	Jagatopf
	Maximilian Pira
54	Rehbeuscherl
	Philipp Breitenecker
57	Rehmenü
59	- Rehsuppe mit Rehleberknödeln
60	- Gekochte Rehschulter mit Schwammerlsauce
	Helmut Dschulnigg
64	Rehragout mit Schokolade
65	Angesetzter Walnussschnaps
	Leo Schoeler
68	Rehroulade im Schweinsnetz
	Leonhard Ségur-Cabanac
72	Rehrücken in Bockbiersauce
	Hubert Stöhr
80	Rehrücken mit Kirschensauce und Nussnudeln
83	Wildschinken-Salat mit frischen Erdbeeren
	Raimund Mann sen. & jun.
86	Rehleber mit karamellisierten Birnen
87	Rehschnitzel mit Weintrauben
	Alexander Schönburg-Hartenstein

Inhalt

Wildschwein

90	Frischlingsschlögel mit pochierten Birnen und Schupfnudeln *Franz und Stephan Mayer-Heinisch*
94	Pikante Wildschweinleber
95	Wildschweinsulz mit Blattsalaten und Vinaigrette *Peter Wolff*
100	Wildschweinroulade mit Feigen-Walnuss-Ricotta-Fülle und Erdäpfel-Eierschwammerl-Strudel in Wodkasauce
103	Wildkipferln *Dominik Wiedersperg, Wendt-Dieter Gemmingen, Jan Spies*
108	Saftige Stücke vom Wildschwein mit Pilzsauce, Bandnudeln und Brokkoli *Alfons Mensdorff Pouilly*
112	Wildschweinschnitzel in Kürbiskernpanade mit Erdäpfelsalat
115	Wildschnitzelsemmel
115	Wildschweinschmalz *Bernhard und Hans-Georg Kinsky*
118	Wildschweinschlögel und Wildschweinrücken mit Eierschwammerl-Erdäpfel-Tascherln *Heinz Neumann und Stefan Hajszan*

Gams

121	Gamsmenü
123	- Hausgebeizter Gamsschinken
125	- Gamssuppe mit Juliennegemüse und Gamslebertascherln
127	- Altausseer Gamsgulasch
129	- Süße Gamsnockerln
131	- Gewürz-Zirbenschnaps
131	- Gamsmilch *Helmut König und Christoph*

Inhalt

Allerlei

138	Hasenterrine und Hase im Blätterteig *Peter Horejsi*
144	Pappardelle al sugo di lepre – Hasensugo *Christian Lang*
148	Feldhasenschlögel im Rohr gebraten *Christian Johann Springer*
152	Fasan im Speckmantel mit Paprika-Oberssauce Maroni-Sellerie-Suppe mit Fasanenbrust *Ludwig Güntschl*
156	Gegrillte Wildente an Kürbisgemüse mit Walnüssen und herzhaftem Maronipüree
159	Fasanenterrine *Alexander Russ*
162	Tauben im Speckmantel mit Fisolen in Speck *Benedikt Ségur-Cabanac*
166	Ragout von Wildentenherzen und -lebern *Gottfried Großbointner*
170	Geräucherte Forelle im Kugelgrill
171	Gekochtes Wildbret mit süßen Dampfnudeln *Maximilian Laprell*

Fonds und Saucen

174	Basisrezept für Wildfond
175	Cumberlandsauce
175	Selbst gemachtes Wildgewürz
176	Wildsauce mit Pfeffer
177	Birnen süß-sauer
177	Feigenpfeffer
178	Vogelbeergelee
178	Quittengelee
179	Schlehenmus mit Zwetschken
179	Schlehengelee

Rund um die Jagd

182	Jagdmusik
184	Kaiserjagd in Ischl

Anhang

186	Rezeptverzeichnis
187	Glossar
188	Nachwort

Hirschrücken an Portwein-Maroni
mit Rotkraut und Serviettenknödeln
Seite 36

Über Wildbret im Allgemeinen

„Weidmannsheil!"

Die Jagd und der Mensch sind eng miteinander verbunden. Wild ist eine köstliche und interessante Abwechslung, die wilde Speisekarte verwöhnt die Gaumen der Gourmets ...
Nicht nur im Herbst ertönt das „Weidmannsheil!" aus den heimischen Wäldern. Der Irrglaube, dass sich die Wildsaison ausschließlich auf den Herbst beschränkt, ist hierzulande weit verbreitet, doch die Jäger wissen die Gaumen ihrer Gäste zu jeder Jahreszeiten mit „der wilden Speisekarte" des Jahres zu verwöhnen. Abhängig von den unterschiedlichen Schusszeiten in den einzelnen Bundesländern kann man zum Beispiel das köstliche Fleisch des Rehwilds von Mai (im Burgenland sogar ab April!) bis Dezember genießen, das des Gamswilds von Juli (in Oberösterreich sogar ab Mai!) bis Dezember und das des Rotwilds von Mai bis Dezember (in Tirol und in der Steiermark bis 15. Jänner).
Rehwild kommt in den österreichischen Wäldern am häufigsten vor, gefolgt vom Rotwild, Gamswild und Schwarzwild. Eher selten ist das Vorkommen von Steinwild, Damwild (außer in Gehegen), Muffelwild und Sikawild.

Die Menschheit und die Jagd

Da bereits unsere Vorfahren aus der Urzeit im wahrsten Sinne des Wortes „Aufzeichnungen" machten, gibt es auch Beweise dafür, dass die Menschheit immer eng mit der Jagd verbunden war. Höhlenmalereien und Grabbeigaben deuten darauf hin, dass die Jagd den Menschen seit Anbeginn seiner Zeit begleitet und geprägt hat. Sein ganzes Denken war auf den Fortbestand der eigenen Spezies ausgerichtet, und wir wissen, dass die Evolution nicht so weit vorangeschritten wäre, hätte der Mensch nicht schon sehr früh um die Bedeutung von Fleisch und die dazu notwendige Jagd gewusst. Die Jagd diente dem Überleben, prägte die Kultur, Sprache, Sozialordnung, Musik und Kunst. Ein erlegtes Tier sicherte über die Nahrung hinaus Kleidung und bot durch die Knochen Material zur Herstellung von Waffen und Werkzeugen. Erst mit der Domestizierung der Tiere und dem Beginn des Ackerbaus verlor die Jagd an Bedeutung.
Bis ins 7. Jahrhundert gab es weder eine Beschränkung, an welchem Ort noch zu welcher Zeit gejagt werden durfte. Natürlich beanspruchten die Könige eine Sonderstellung für die Jagd, welche im 9. Jahrhundert anerkannt wurde. Österreich mit seiner ausgeprägten Jagdtradition schaffte das Vorrecht des Adels bei der Jagd 1786 (Josephinisches Patent) ab. Die Jagdgesetzgebung wurde zum Reichsrecht, und 1818 konnten Bürger und Bauern bereits eine Jagd erwerben beziehungsweise eine solche pachten. Durch ein Patent im Jahre 1849 wurde die Jagd als direkt mit Grund und Boden verbunden anerkannt. Das Jagdrecht wurde zur Landessache, und um die Jahrhundertwende gab es die ersten Gesetze.
Seit dem Mittelalter wird die Jagd in hohe und niedere Jagd eingeteilt. Zum Hochwild gehört alles Schalenwild (außer Rehwild), das Auerwild, Steinadler und Seeadler. Alle anderen Wildarten zählen zum Niederwild.

Ein unverkennbarer Geschmack

Entweder man mag ihn, oder man mag ihn nicht – den einzigartigen und unverwechselbaren Geschmack von Wildbret. Die erlesene Nahrung des Wildes, die aus einer Mischung von Knospen, Kräutern, Gräsern und Früchten des Waldes besteht, entfaltet sich im würzigen Geschmack dieses besonderen Fleisches.

Ohne Zweifel zählt Wildbret zu den eiweißreichsten Fleischarten mit einem äußerst geringen Fettanteil. Ein weiterer wichtiger ernährungswissenschaftlicher Aspekt ist der niedrige Bindegewebsanteil. Jener ist beim Fleisch von Schlachttieren nicht nur sehr hoch, sondern es kommt hier zu Fetteinlagerungen, die das Fleisch zusätzlich schwerer verdaulich machen. Weitere Besonderheiten von Wildfleisch sind die zarten Muskelfasern und die dunkle Farbe des Fleisches. Gründe dafür sind einerseits der höhere Gehalt an Muskelfarbstoffen, andererseits die Erlegung des Tieres, wodurch ein Ausbluten zum Großteil verhindert wird. Weiters ist Wildbret reich an Kalium, Phosphor, Eisen, Kupfer, Mineralstoffen, Zink und Vitamin B2.

Gefahren für das Wild

Vor allem das Niederwild ist in seinen Beständen bedroht, was jedoch nichts mit seiner Bejagung zu tun hat. Durch den Ausbau von Straßen und Wegen, aber auch durch eine überintensive Landwirtschaft wurde der Bestand reduziert. Die Hegemaßnahmen der Jäger, aber auch die Stilllegungsmaßnahmen der EU, die in den letzten Jahren durchgeführt wurden, geben dem Niederwildbestand Möglichkeit zur Regeneration.

Über das erlegte und zerwirkte Tier

Das Wildbret wird in folgende Teile gegliedert:

- **den Rücken, den man im Ganzen braten kann,**
- **die ausgelösten Filets vom Rücken, die sich vorzüglich für Medaillons oder Steaks eignen,**
- **den Schlögel (auch Keule genannt), der im Ganzen als Braten oder im geschnittenen Zustand als Schnitzel verarbeitet wird,**
- **die Schulter, die man herrlich braten, faschieren, für Geschnetzeltes oder Gulasch verwenden kann**
- **und in Hals, Brust, Bauch, die zu Gulasch, Faschiertem, Pasteten oder Wildsuppe verarbeitet werden.**

Wildfleisch ist eine köstliche und interessante Abwechslung für jeden Feinschmecker, denn das Fleisch, das sich auf so vielfältige Weise zubereiten lässt, schmeckt nicht nur vorzüglich, sondern ist darüber hinaus sehr gesund. Vor allem in Zeiten, wo es zu so genannten Fleischskandalen kommt (zum Beispiel BSE), erfreut sich das Wildbret hoher Beliebtheit.

Louis Sayn-Wittgenstein-Sayn
Hirschfleischknödel
mit Speckkrustl-Sauerkraut

Louis Sayn-Wittgenstein-Sayn
Hirschfleischknödel
mit Speckkrustl-Sauerkraut

Zutaten für 4 Personen

Knödelteig
1/2 kg mehlige Erdäpfel
50 g Topfen
50 g Butter, zerlassen
2 Eier
150 g griffiges Weizenmehl
Salz und Pfeffer
Muskatnuss

Wildfülle
200 g sehnenfreies Wildfleisch
1 EL Erdnussöl
1 EL Gin, 1 EL Cognac
50 g Selchspeck, in Würfel geschnitten
1 Schalotte, in Würfel geschnitten
1 TL Butter
je 1 EL Thymian und Rosmarin, fein gehackt
1 Eidotter
Muskatnuss, Salz und Pfeffer

Speckkrustl-Sauerkraut
4 Speckschwarten
150 g Speck
1 große Zwiebel
1 kg Sauerkraut
1 TL Kümmel
1 TL Zucker
1 Prise Salz
3 kleine Erdäpfel

Butterbrösel
Semmelbrösel
2 EL Butter

Zubereitung

Schritt 1
Die Erdäpfel waschen und mit der Schale weich dämpfen. Danach schälen und durch die Erdäpfelpresse drücken (wenn man keine Erdäpfelpresse hat, kann man die Erdäpfel auch mit einer Gabel zerdrücken). Anschließend mit Topfen, Butter, Eiern, Mehl und Gewürzen zu einem glatten Teig verarbeiten und diesen rasten lassen.

Schritt 2
Für die Fülle das Wildfleisch in kleine Würfel schneiden, in Öl anbraten und mit Gin und Cognac ablöschen. Den Selchspeck und die Schalotte in der Butter anrösten und danach zum Fleisch dazugeben. Die Masse mit Kräutern und dem Eidotter gut durchmischen und würzen.

Schritt 3
Aus dem Erdäpfelteig nach Belieben 12–14 flache, etwa 1/2 cm dicke Scheiben formen. Die Fülle auf den Teigscheiben verteilen und Knödel formen. In siedendem Salzwasser 8–10 Minuten ziehen lassen.

Schritt 4
Für das Kraut Speckschwarten und den kleinwürfelig geschnittenen Speck in einen Topf geben und knusprig anbraten.
Anschließend die Zwiebel klein schneiden und dazugeben, etwas dünsten.
Das Sauerkraut dazugeben und mit Kümmel abschmecken.
Etwa 20 Minuten köcheln lassen, wenn nötig, ein wenig Wasser dazugeben und das Umrühren nicht vergessen.
Wenn das Sauerkraut bissfest ist, mit Zucker und Salz abschmecken.
Die rohen Erdäpfel schälen, reiben und unter das Sauerkraut mischen, man bindet damit das Kraut.

Schritt 4
Die Semmelbrösel in Butter anrösten und die fertigen Knödel darin schwenken. Die Hirschfleischknödel auf heißen Tellern anrichten und mit dem Sauerkraut anrichten.

Louis Sayn-Wittgenstein-Sayn, Leiter Gwandhaus Gössl in Salzburg, passionierter Hochwildjäger

Der freche Jungfuchs

Jagen ist für mich nicht unbedingt Wild erlegen. Gerne und oft denke ich an einen Sommer zurück, in dem ich fast jeden zweiten Abend am selben Stand ansaß. Anblick hatte ich immer mehr als genug. Doch die Ruhe und die Schönheit, die sich mir darbot, wollte ich einfach nie durch einen Schuss zerstören. Einen ganz besonderen Moment in diesen Wochen werde ich sicher nie vergessen. Nach dem Abendessen war ich wieder an diesen einen Stand am „Erdrutschhang" gegangen. Ich saß nicht lange da, und schon hatte ich den ersten kurzen Anblick – einen Jungfuchs. Ich mäuselte, und der Fuchs schnürte direkt auf mich zu. Anstatt aber auf gebührendem Abstand innezuhalten und zu sichern, kam er bis an die Leiter des Hochstands. Mein Zielfernrohr war auf 1,5-fache Vergrößerung heruntergedreht, das Gewehr entsichert, und ich war bereit zum Schießen. Aber da sprang er mit den Vorderläufen auf die erste Sprosse der Leiter und sah zu mir herauf. Nach einiger Zeit verschwand er, und der Ärger, ihn nicht geschossen zu haben, war groß. Also mäuselte ich wieder, und in Windeseile stand er wieder auf der Leiter und sah neugierig zu mir herauf. Das Ganze wiederholte sich noch einmal, bis ich ihn anschrie, er solle verschwinden – und weg war er. Ich weiß bis heute nicht, ob es der jugendliche Leichtsinn oder die List des Fuchses war, die ihn an diesem Tag verschont hat. Für mich ist es eines meiner schönsten Jagderlebnisse geworden.

Hubertus Herring-Frankensdorf
Hirschlaibchen mit selbst gemachtem Erdäpfelpüree

Hubertus Herring-Frankensdorf
Hirschlaibchen mit selbst gemachtem Erdäpfelpüree

mit Röstzwiebeln und Frühlingssalat

Zutaten für 4-5 Personen

2 ganze Zwiebeln, klein gehackt
etwas Butter oder Öl zum Braten
2 harte Semmeln
1 kg faschiertes Hirschfleisch (wahlweise kann man auch ca. 1/3 Schweinefleisch dazugeben)
2 Eier
1 Prise Salz und Pfeffer
1 Prise Majoran
3 EL Petersilie, gefroren oder frisch
2 EL Semmelbrösel und Mehl zum Wenden
je 1 EL Öl und Butterschmalz zum Braten

Püree
600 g mehlige Erdäpfel
Salz
1 EL Butter
ca. 1/8 l Milch
Muskatnuss, gemahlen

Röstzwiebeln
1 Zwiebel, in feine Ringe geschnitten
Mehl zum Wälzen
reichlich Öl zum Frittieren

1 Häuptel frischen Salat nach Saison
1 Frühlingszwiebel
5 Rispenparadeiser
2 EL Balsamico-Essig und Olivenöl

Zubereitung

Schritt 1
Zwiebeln in etwas Butter und Öl glasig anrösten, die harten Semmeln ca. 10 Minuten in Wasser einlegen, bis sie schön weich und vollgesogen sind. Danach das Wasser auspressen und die Semmeln in kleine Stücke schneiden.

Schritt 2
Faschiertes in eine große Schüssel geben, die angeschwitzten Zwiebeln, die Eier sowie die Semmelstückchen dazugeben. Mit Salz, Pfeffer, Majoran und fein gehackter Petersilie abschmecken. Die Masse mit den Händen gut durchkneten, handtellergroße Laibchen daraus formen.

Schritt 3
Für das Püree die geschälten mehligen Erdäpfel in Salzwasser weich kochen, dann abseihen. Durch eine Erdäpfelpresse drücken und mit etwas Butter und warmer Milch verrühren, bis ein cremiges Püree entsteht. Mit Salz und Muskatnuss abschmecken.

Schritt 4
Für die Röstzwiebeln in einen kleinen Topf gut 3–5 cm Speiseöl geben, heiß werden lassen. Die in Mehl gewälzten Zwiebelringe darin frittieren, bis sie schön braun sind. Auf Küchenpapier abtropfen lassen.

Schritt 5
Die bereits geformten Laibchen mit der Hand etwas flach drücken. In einem Teller Semmelbrösel und Mehl vermengen und die Laibchen vor dem Braten darin etwas wenden. In einer Pfanne Öl und etwas Butterschmalz erhitzen, die Laibchen bei mittlerer Hitze auf beiden Seiten braten, bis sie schön knusprig und braun sind.

Schritt 6
Für die Garnitur Salat waschen, Frühlingszwiebel und Rispenparadeiser klein schneiden und dazugeben. Mit Salz, Pfeffer, Olivenöl und Balsamico-Essig abschmecken.

Hubertus Herring-Frankensdorf, Verwalter von Gut Hetzau im Almtal, www.hetzau.at

Rotwildbrunft – Höhepunkt des Jagdjahres

Die Jagd auf den König der Wälder, den reifen Rothirsch, findet bei uns fast ausschließlich in der Brunft statt, welche eindeutig den Höhepunkt des jagdlichen Jahres in unseren Bergwäldern darstellt.

Während der Hirschbrunft lebe ich gemeinsam mit meiner Familie, Jagdfreunden und Jägern für etwa 3 Wochen durchgehend in unserem mittlerweile 101 Jahre alten Jagdhaus Seeleithen, welches direkt über dem Großen Ödsee liegt. Von dort aus starten wir täglich zur Früh- und Abendpirsch in unser Jagdrevier „Hetzau". Diese Zeit ist für mich etwas ganz Besonderes: fast keine Kommunikation zur Außenwelt (kein Handyempfang oder Internet), kein Fernsehen und die tägliche Jagd sind für mich persönlich sehr entspannend. Viele nette Abende mit meinen Gästen und Jägern sowie meist sehr spannende Pirschgänge machen diese Zeit für mich jedes Jahr unvergesslich. Da bleibt mir wenig Zeit, selbst zu kochen ... Kulinarisch werden wir während der Hirschbrunft von unserer Küchenperle, Frau Redl, täglich aufs Neue verwöhnt ... Sie kocht übrigens traditionell auf unserem Holzofenherd ... so wie vor 100 Jahren.

Kleiner Tipp für den hungrigen Jäger: WILDBURGER zum Mitnehmen auf Seite 25
Da bekanntlicherweise bei Laiberl immer genug übrig bleibt, mache ich mir gerne einen kleinen Snack für anstrengende Pirschgänge, wie zum Beispiel für die Gamsjagd.

Hubertus Herring-Frankensdorf
Wildburger

Dieses Rezept ist schnell und leicht zubereitet und schmeckt jedem, ob groß oder klein. Man kann jegliches Wildfleisch zur Zubereitung von Burgerlaibchen nehmen. Ich habe in diesem Fall die übrig gebliebenen Hirschlaibchen meines Rezepts auf Seite 22 genommen. Die Wildburger kann man warm, aber auch kalt genießen.

Zutaten für 2 Personen

2 Stück Hamburgerbrötchen, mit Sesam bestreut
1/2 Zwiebel, in Ringe geschnitten
2 Stück Hirschlaibchen (siehe Rezept Seite 22)
1 Essiggurkerl, in Scheiben geschnitten
2 Scheiben Schnittkäse
2 Blätter Eisbergsalat
2 Paradeiserscheiben
Salz
Pfeffer

Für die Hamburgersauce

2 EL Ketchup
1 TL Senf
1 TL Chilisauce

Zubereitung

Schritt 1
Das Wildfleisch, wie im Rezept auf Seite 22 beschrieben, zu Laibchen verarbeiten und braten.

Schritt 2
Die Hamburgerbrötchen aufschneiden und an den Schnittflächen toasten. Die Unterteile auflegen und mit Zwiebelringen bedecken.

Schritt 3
Die Hirschlaibchen daraufsetzen und mit Essiggurkerln belegen. Dann je eine Käsescheibe darüberlegen, auf ein mit Backpapier belegtes Backblech setzen und leicht schmelzend überbacken.

Schritt 4
Währenddessen für die Hamburgersauce alle Zutaten verrühren. Überbackene Unterteile herausnehmen und je einen Esslöffel Hamburgersauce auftragen. Eisbergsalat sowie Paradeiserscheiben und Zwiebelringe darauflegen, mit dem Oberteil der Brötchen bedecken.

Stephanie Egghart
Hirschterrine

Stephanie Egghart
Hirschterrine

Zutaten für 1 Terrine oder ca. 4 Einmachgläser

500 g Hirschfleisch
250 g Schweinskopf
etwas Öl
Salz und Pfeffer
Thymian
1 Knoblauchzehe

Marinade
1/8 l Rotwein
1/8 l Rotweinessig
1 ganze Zwiebel
1 Karotte
Lauch und etwas Sellerie, in Scheiben geschnitten

weitere Zutaten
100 g weißer, geräucherter Spick-Speck, fein geschnitten
100 g Weißbrot (ohne Rinde)
¼ l heiße Milch
5 EL Obers (zum Einweichen fürs Weißbrot)
2 EL Weinbrand (Cognac)
1 Prise Majoran
Lorbeer-Pulver

Aspik
1 P. Gelatine
1/8 l Rotwein
1/8 l Rindsuppe

Zubereitung

Schritt 1
Hirschfleisch und Schweinskopf würfelig schneiden, über Nacht in die gut vermischte Marinade einlegen.

Schritt 2
Am nächsten Tag die Fleischwürfel aus der Marinade nehmen und in Öl anbraten, mit Salz, Pfeffer, Thymian sowie gepresstem Knoblauch würzen. Die weiteren Zutaten beimengen und die Masse 2-mal durch die feinste Scheibe im Fleischwolf drehen, diese Masse durchkneten und nach Wahl in Einmachgläser oder in eine Terrinenform füllen.

Zubereitung in Einmachgläsern
Die Einmachgläser nur bis zur Hälfte mit Fleischmasse füllen und dann mit Aspik auffüllen. Die Gläser anschließend ca. 1 Stunde im Wasserbad erhitzen und garen.

Zubereitung in einer Terrinenform
Fleischmasse in eine Terrinenform füllen, ca. 1 Stunde im Wasserbad im Backofen bei 80° garen, danach auskühlen lassen, mit Aspik begießen und kalt stellen. Zum Schluss die Hirschterrine aus der Form stürzen.

Tipp
Eventuell kann man der Fleischmasse 1 Hirschfilet beigeben. Dazu dieses leicht anbraten, der Länge nach in die Terrine legen und die Fleischmasse darüberstreichen (tolle Optik beim Aufschneiden!).

Stephanie Egghart, Marketingmanagerin, passionierte Jägerin und Köchin

Bock oder Geiß?

Auf einen meiner ersten Rehböcke, einen Dreier, führte mich der Aufsichtsjäger Toni an, unsere beiden Rüden (Kleine Münsterländer) Gero und Cuno waren auch jedes Mal dabei. Jedes Wochenende waren wir morgens und abends insgesamt 17-mal auf der Pirsch, Cuno wollte nach dem 10. Mal gar nicht mehr mit mir um 4 Uhr früh aufstehen. Auf dem Hochstand habe ich angefangen, eine „Stricherlliste" in das Holz vor mir zu schnitzen.

Endlich sehen wir den passenden Bock eines abends wieder, aber er beschlägt gerade eine Geiß, und ich weigere mich, ihn von ihr „herunterzuschießen" – das gebietet der Anstand. Der Toni lacht nur, die Hunde sind zwar unruhig, aber nichts passiert …

Am nächsten Morgen in der Dämmerung sehen wir genau an der gleichen Stelle dunkle Schatten. Es ist noch kein Schusslicht, die Minuten fühlen sich an wie Stunden. Ich habe das Gewehr im Anschlag, meine Finger werden taub, mein Herz rast. Nach einer Ewigkeit gebe ich endlich den Schuss ab und befürchte gleichzeitig, es könnte noch zu dunkel gewesen sein! – Stille – Geräusche im Unterholz …

Toni sagt: „Du hast die Geiß geschossen!"

Er zwingt mich, sitzen zu bleiben und die 10 Minuten zu warten, bis es hell wird.

Meine Gedanken drehen sich im Kreis: Ich habe ein schlechtes Gewissen, welche Schande, welche Schmach!

Dann steigen wir endlich vom Hochstand runter, lassen die Hunde suchen …

Der Bock liegt – Blattschuss!

… und der Toni lacht!

Alexandra Schertler
Hirschragout
nach dem Rezept meiner Ururgroßmutter

Alexandra Schertler
Hirschragout
nach dem Rezept meiner Ururgroßmutter

Zutaten für 4 Personen

Ragout
ca. 1 kg Hirschfleisch
Salz und Pfeffer
etwas Butter
etwas Zucker
1 Speckscheibe, würfelig geschnitten
ca. 250 g Wurzelwerk (Selleriewurzel, Gelbe Rüben, Petersilienwurzel)
1–2 Zwiebeln, gehackt
¼ l Rotwein
2 Knoblauchzehen, zerdrückt
30 g Preiselbeermarmelade
5 Wacholderbeeren
1 EL Thymian, gehackt
1 Gläschen Gin
1 Zitronenscheibe
1 Lorbeerblatt
5 Kapern
½ EL Senf
ca. ½ l Fond/Suppe
etwas Obers

Rotkraut
ca. 1 kg Rotkraut
1–2 EL Zucker
1–2 EL Butter
½ Zwiebel
Saft von 1 Zitrone
1–2 säuerliche Äpfel
Preiselbeermarmelade
ca. 1/8 l Fond/Suppe

Spätzle
250 g griffiges Mehl
2 Eier
Salz, Pfeffer
ca. 1/8 l kaltes Wasser

Zubereitung

Schritt 1
Das Fleisch würfelig schneiden und mit Salz und Pfeffer einreiben. Butter in einer tiefen Pfanne erhitzen, Zucker karamellisieren lassen und das Fleisch und die Speckwürfel gut anbraten, anschließend aus der Pfanne nehmen und warm stellen.

Schritt 2
Das Wurzelwerk in feine Streifen schneiden, mit dem fein gehackten Zwiebel in die Pfanne mit dem Bratrückstand geben, anbraten und mit gutem Rotwein aufgießen, das Fleisch und die weiteren Zutaten (bis auf den Fond und das Obers) hinzugeben, eine Stunde bei mittlerer Hitze köcheln lassen, immer wieder mit Fond aufgießen. Kurz vor dem Servieren mit ein wenig Obers verfeinern.

Schritt 3
Das Rotkraut mit einem Messer in feine Streifen schneiden. Zucker in erhitzter Butter karamellisieren, die fein geschnittenen Zwiebeln anbraten, das Kraut hinzugeben, die restlichen Zutaten hinzufügen, mit ein wenig Fond aufgießen und weich dünsten.

Schritt 4
Für die Spätzle die Zutaten vermengen und zu einem zähen Teig verrühren. In einem großen Topf Wasser zum Kochen bringen und den Teig durch ein Spätzlesieb oder einen Spätzlehobel drücken (eventuell in mehreren Etappen, mit dem gleichen Teig können auch Nocken geformt werden). Wenn die Spätzle oben schwimmen, abseihen und kurz kalt abschrecken.

Das Ragout mit den Spätzle mit dem Rotkraut servieren.

Alexandra Schertler, Ökonomin & Singer/Songwriterin

Doppelt geschossen

Als Tirolerin schlägt mein Herz natürlich eindeutig für die Hochwildjagd. Die Jagd hat in unserer Familie Tradition, bereits mein Urgroßvater war Jäger. So wuchs ich mit den schönsten Jagdgeschichten auf und erinnere mich gerne an die vielen Erlebnisse, die ich damit verbinde. Jagd war für mich immer schon mehr, als man üblicherweise darunter versteht. Jagd ist für mich Tradition, Geschichte, Hege, Verbundenheit mit der Natur und Erdung.

Ich liebe es, in den Bergen herumzusteigen, die Aussicht zu genießen und den Alltag im Tal zu lassen. Oft gehe ich ohne Waffe ins Revier, einfach nur, um Kraft zu tanken, den Tieren beim Äsen zuzuschauen, im Winter die Fütterungen aufzufüllen und die fast schon heilige Stille zu genießen. Die Natur ist einfach faszinierend und spendet mir irrsinnig viel Energie.

Doch nun zu einem besonderen Jagderlebnis: Die Vorzeichen standen nicht gut, schon tagelang hatten wir schlechtes Wetter, immer wieder nieselte es, es war kühl, so gar nicht sommerlich. Mein Pirschführer und ich stiegen den Steilhang hinauf und suchten uns ein geeignetes Plätzchen, um auf „meinen Rehbock" zu warten.

Stunden vergingen ohne Anblick, und wir waren in einer einzigen großen Nebeldecke gefangen. Der Pirschführer begann mit einem Grashalm zu fiepen, um den Rehbock anzulocken, doch nichts passierte. Ich fing schon an, ihn auszulachen, denn je öfter er sein Fiepen wiederholte, desto mehr klang es wie ein altes Moped, und das konnte doch beim besten Willen kein Reh mehr verlocken … Ohne Hoffnung, noch etwas zu sehen, gaben wir uns auch keine Mühe mehr, leise zu sein und beschlossen, unsere Sachen zusammenzupacken. Plötzlich stupste mich der Jäger und zischte: „Da, da ist er!" Die Nebelschwaden lichteten sich, und da stand er ganz stolz auf einem Felsvorsprung, mein kapitaler Bock, zirka 100 m vor uns. Ich schoss. Doch die nächste Nebelschwade „schluckte" ihn. In Windeseile bereitete ich mich auf den 2. Schuss vor, weil ich mir nicht sicher war, ob ich auch wirklich getroffen hatte aufgrund des Nebels. „Nebel, hau ab!", dachte ich mir. Plötzlich, als ob ein Vorhang aufging, hob sich der Nebel, und der Bock stand wieder da. Die Sicht war wieder klar, ich schoss noch einmal. „Weidmannsheil! Und zwar doppelt", lachte der Pirschführer und klopfte mir auf die Schulter. Ich hatte zwei Böcke geschossen. Wegen des Nebels dachte ich, es wäre der gleiche Bock, den ich beim ersten Mal nicht getroffen hätte. In Wirklichkeit waren es zwei. So habe ich 2 Böcke binnen 2 Minuten geschossen, ohne es zu realisieren. So eine lustige und gleichzeitig spannende Jagd hatte ich vorher noch nie erlebt. Ich bin so dankbar für diesen Jagdtag und werde ihn auch nie vergessen.

Gundaccar Wurmbrand-Stuppach
Hirschrücken
an Portwein-Maroni
mit Rotkraut und Serviettenknödeln

Gundaccar Wurmbrand-Stuppach
Hirschrücken
an Portwein-Maroni mit Rotkraut und Serviettenknödeln

Zutaten für 4-5 Personen

Hirschrücken
ca. 1 kg Hirschrücken (Hirschfilet)
1 P. Wildgewürz
4 Rosmarinzweige
4 Thymianzweige
1 EL Öl
2 EL Butterschmalz
1/16 l Cognac
1 EL scharfer Senf
1/8 l Rindsfond
1/8 l Portwein
1 EL Ribiselmarmelade
250 ml Obers (oder Rama Culinesse oder Ähnliches)
1 kleiner EL grüne Pfefferkörner
einige glacierte Maroni

Rotkraut
1/2 kg Rotkraut
2 EL Butter
2 Äpfel
1 Lorbeerblatt
Salz, Pfeffer
Zucker
1/8 l Wein
Zitronensaft

Serviettenknödel
1/8 l Milch
2 Eier
etwas Salz
5 altbackene Semmeln, würfelig geschnittene
3 EL Butter (zimmerwarm)
3 EL griffiges Mehl

Zubereitung Hirschrücken

Schritt 1
Den Hirschrücken über Nacht mit etwas Wildgewürz, Rosmarin und Thymian in etwas Öl einlegen (nicht salzen!).

Schritt 2
Den Hirschrücken scharf von allen Seiten in heißem Butterschmalz anbraten und mit einem Schuss Cognac flambieren. Erst wenn alle Flammen von selbst ausgegangen sind (die Pfanne nicht schwenken), den Hirschrücken aus der Pfanne nehmen und in Alufolie gewickelt rasten lassen. In der Bratpfanne Senf leicht anrösten (Rühren nicht vergessen!), eventuell ein bisschen Rindsfond dazugeben, damit der Geschmack noch intensiviert wird. Das Ganze nun mit Portwein aufgießen und die Ribiselmarmelade hinzufügen.

Schritt 3
Jetzt noch das Obers und ein wenig Wasser dazugeben und die Sauce aufkochen. Die Pfefferkörner hinzufügen, die Sauce abschmecken. Den Hirschrücken aus der Alufolie auspacken, wieder in die Pfanne legen und bei ca. 180 °C für 10 Minuten ins Backrohr geben.

Schritt 4
Die glacierten Maroni erst kurz vor dem Servieren in der Bratensauce schwenken, da sie sonst den ganzen Saft aufsaugen. Wer mehr Sauce will, kann einfach etwas mehr Obers verwenden – der Phantasie sind keine Grenzen gesetzt …

Zubereitung Rotkraut

Schritt 1
Rotkraut feinnudelig schneiden, Butter zergehen lassen, das Rotkraut hineingeben.

Schritt 2
Äpfel schälen, entkernen, blättrig schneiden und zusammen mit Lorbeerblatt, Salz, Pfeffer, Zucker und Wein unter das Rotkraut mischen.
Unter öfterem Umrühren und Aufgießen zugedeckt ca. 45 Minuten gar dünsten.
Mit Zitronensaft, Zucker und eventuell noch etwas Wein abschmecken.

Tipp

Das Rotkraut am besten schon einige Tage vorher zubereiten – es kann gut eingefroren werden und wird durchs Aufwärmen noch besser.

Zubereitung Serviettenknödel

Schritt 1
Milch mit Eiern und Salz versprudeln, über die Semmelwürfel gießen und mit 2 EL schaumig gerührter Butter vermischen, mit Mehl binden.

Schritt 2
Masse in eine mit der restlichen Butter bestrichene Stoffserviette binden und ca. 45 Minuten in schwach kochendem Salzwasser ziehen lassen.

Von dieser Grundzubereitungsart lassen sich viele Rezepte ableiten:

Serviettenknödel nach Tiroler Art

Zutaten für 4 Personen
Serviettenknödel-Grundmasse (siehe oben)
150 g Speck (oder Selchfleisch)
1 Zwiebel
2 EL Petersilie
1 EL Butter

Schritt 1
Speck oder Selchfleisch kleinwürfelig schneiden, zusammen mit fein gehackter Zwiebel und Petersilie in Butter anrösten und unter die Knödelmasse mischen.

Schritt 2
Masse in eine mit Butter bestrichene Stoffserviette binden und ca. 45 Minuten in schwach kochendem Salzwasser ziehen lassen.

Serviettenknödel mit Bärlauch

Zutaten für 4 Personen
Serviettenknödel-Grundmasse (siehe oben)
1 Bund Bärlauch, fein gehackt
1 EL Butter

Schritt 1
Gehackten Bärlauch in einer Pfanne mit Butter anschwitzen und unter die Knödelmasse mischen.

Schritt 2
Masse in eine mit Butter bestrichene Stoffserviette binden und ca. 45 Minuten in einem Kochtopf mit schwach kochendem Salzwasser ziehen lassen.

Durch den Bärlauch erhalten die Knödel eine schöne grüne Farbe.

Ein nicht alltägliches Jagderlebnis in der Wüste

Als ich vor einem Jahr beruflich in den Vereinigten Emiraten unterwegs war, wurde ich von einem Scheich zur Jagd in sein Revier eingeladen. Ich wusste natürlich nicht, was auf mich zukommen würde, doch ich ließ mich überraschen. Eigentlich ist die Jagd in den Emiraten nur den Scheichs vorbehalten, und es gibt nur sehr wenige Europäer, die jemals in den Genuss einer solchen Jagd gekommen sind oder jemals kommen werden!

Direkt von der Messe, auf der ich arbeitete, ging es also in einen der Paläste des Scheichs, wo ich mit einem feudalen Mittagessen verwöhnt wurde. Natürlich gab es das obligatorische frisch geschlachtete Lamm, danach folgte eine Besichtigung des Palastes samt allen Trophäenhallen und der zum Palast gehörenden Dattelplantage. Wer jemals die Chance hat, Datteln frisch vom Baum zu essen, sollte diese auf alle Fälle wahrnehmen!

Nach dem Mittagessen ging es in das Revier des Scheichs, mitten in die Wüste. Bis dahin wusste ich noch immer nicht, auf welche Wildart ich eingeladen war. Eine Fahrt mit dem Geländewagen durch die Wüste ist allein schon ein Abenteuer und eine beliebte Touristenattraktion, doch die Fahrt gepaart mit meinem Jagdfieber machte das Ganze zu einem unvergesslichen Erlebnis.

Schnell sichteten wir die ersten Antilopen – alle höchst interessant und außergewöhnlich. Ich hatte bis zu dem Tag nicht gewusst, dass es so viele verschiedene Tiere in der Wüste gibt. Doch der Jäger des Scheichs vertröstete mich; das gesichtete Wild sei noch nicht besonders genug! Das überraschte mich etwas, da ich zu diesem Zeitpunkt schon Tiere gesehen hatte, von denen ich nicht einmal gewusste hatte, dass es sie gibt! Nach 20 Minuten fanden wir endlich die ersehnte Fährte, und plötzlich wurden alle (bis auf mich, denn ich wusste ja noch nicht, worum es geht) furchtbar nervös! Wir folgten also der Fährte, was in der Wüste ja sehr einfach ist, und nach 10 Minuten stand sie auf einmal vor uns: Eine 10 Stück starke Herde mit Weißen Oryx (im arabischen „Maha"). Ich war anfangs gar nicht in der Lage, ans Schießen zu denken, da ich so fasziniert von den absolut weißen Tieren inmitten der Wüste war. Doch bald fasste ich mich; der Jäger hatte in der Zwischenzeit einen passenden Bullen für mich ausgesucht. Ich kannte natürlich die Traditionen bei der Jagd in den Emiraten nicht und fragte, wo ich denn am besten meinen Schuss antragen soll. Der Jäger sagte mir, dass das Fleisch des Weißen Oryx besonders gut schmeckt – ich sollte deshalb auf den Träger schießen. Dank wirklich gutem Equipment und einer passablen Distanz (ca. 130 m) nahm ich mir das zu Herzen, holte noch einmal tief Luft und schoss. Es war ein perfekter Treffer, und ich wurde fast wie ein Nationalheld gefeiert, denn selbst die Jäger dort hatten noch nie die Ehre, ein solches Stück zu erlegen – es ist normalerweise nur den höchsten Scheichs vorbehalten.

Wie man sieht, war ich nicht traditionell jagdlich bekleidet, jedoch war es auch nicht wirklich eine traditionelle Jagd!

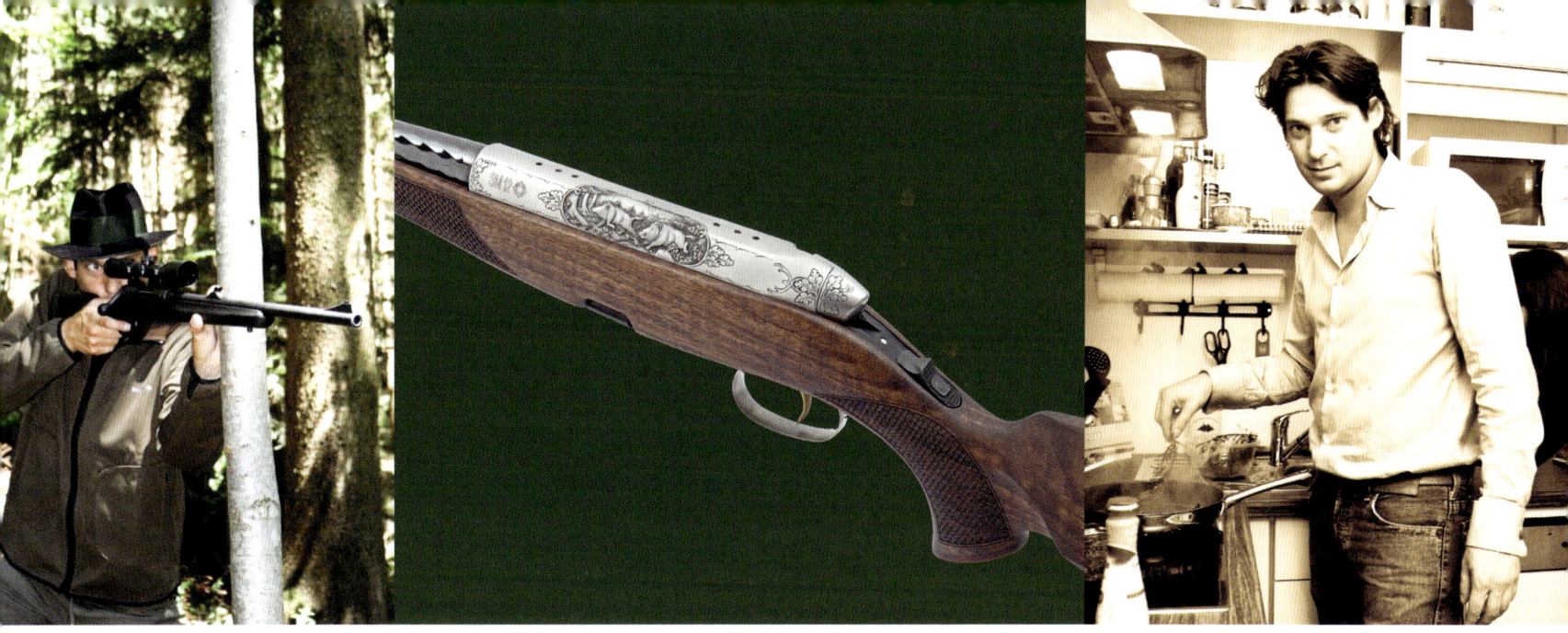

Gundaccar Wurmbrand-Stuppach, Vertriebsleiter bei Steyr Mannlicher

Gundaccar Wurmbrand-Stuppach, Vereinigte Arabische Emirate, 2011

Friedrich Hardegg
Hirschtatar
für Zwischendurch

Friedrich Hardegg
Hirschtatar
für Zwischendurch

Das Tatar kann man schnell zaubern, wenn einen Gäste überraschen. Vorausgesetzt, man hat noch ein Hirschfilet eingefroren. Denn das Fleisch lässt sich am besten im leicht angefrorenen Zustand schneiden.

Zutaten für 4 Personen

300 g Hirschfilet
1 EL Ketchup
1 TL Dijon Senf
10 cl Olivenöl
1 Zwiebel, fein gewürfelt
1 Essiggurke, fein gewürfelt
1/2 TL Sardellenpaste
Salz und Pfeffer aus der Mühle
Muskatnuss
2 TL Chilisauce
1 Spritzer Worcestershiresauce
1 Spritzer Zitronensaft
1 Bund Schnittlauch

Für die Preiselbeersauce

100 g Preiselbeeren
2 cl Cognac
Salz Pfeffer

Zubereitung

Schritt 1
Fleisch mit einem scharfen Messer fein hacken. Ketchup mit Senf, Olivenöl, Zwiebel, Essiggurke, Sardellenpaste und dem gehackten Fleisch vermengen. Alles gut durchmischen und mit Salz, Pfeffer, Muskatnuss, Chilisauce, Worcestershiresauce und Zitronensaft abschmecken.

Schritt 2
Für die Preiselbeersauce die Preiselbeeren passieren, Cognac, Salz und Pfeffer untermengen.
Den Schnittlauch fein schneiden. Das Tatar in kleinen Häufchen auf Tellern anrichten, mit Schnittlauch bestreuen und mit der Sauce anrichten.

Friedrich Hardegg, Immobilientreuhänder, Biobauer und Forstverwalter

Meine Passion: Hirsch & Hochlandrind

Die Abenteuer der Kindheit finden nicht zu Hause vor dem Fernseher statt, sondern draußen in der freien Natur. Streifzüge durch den Wald, das Beobachten von Rotwild bei der Winterfütterung oder das Spurenlesen im Schnee waren für mich immer viel interessanter. Speziell die Jagd auf den Rothirsch in der Brunft gehört in meiner Familie zur Tradition, und so wächst man durch Erlebnisse auf der Pirsch in diese Art der Jagd hinein.

Dennoch hege ich eine zweite Leidenschaft: die Hochlandrinderzucht. Ausschlaggebend dafür, mit dieser Zucht zu beginnen, war nicht allein der wirtschaftliche Gedanke, sondern auch der Wunsch, die Wiesenflächen in unserem Revier kostengünstig für unser Rotwild zu erhalten. Nebenbei erfreuen einen diese Tiere durch ihre ursprüngliche Art und ihr Aussehen, mit ihrem zotteligen Fell vermitteln sie eine gewisse Gemütlichkeit.

Ihr zotteliges Fell schützt sie vor Kälte, dieses Fell würde sich der Jäger im September bei der Hirschbrunft auch wünschen, wenn die Nächte rau werden. Denn um den alten Brunfthirsch zu überlisten, gilt es im Bergrevier bei jeder Witterung viele Pirschen und Ansitze zu machen, dabei erlebt man die Natur unmittelbarer und realer als im besten Naturfilm, und das macht die Jagd immer wieder spannend.

Im Unterschied zu meinen braven Rindern, die einschätzbar sind in ihrem Verhalten, überrascht einen bei der Hirschjagd das Rotwild immer wieder durch unvorhersehbare Aktivitäten der Freiheit und Lebendigkeit im Wald.

Bertram Quadt
Maibock

Zutaten für 1 Maibock

(entweder eine Mahlzeit für ca. 20 Personen oder ausreichend Fleisch für vier Tage für 4–6 Jäger)

1 gesundes, junges, sauber geschossenes Reh (ohne Haupt und Läufe 12–14 kg)
1 Bund frischer Thymian
1 Bund frischer Rosmarin
1–2 EL Wildgewürz (s. Rezept unten)
mindestens 1 l gutes, kaltgepresstes Olivenöl

Wildgewürz

5 g weißer Pfeffer
4 g Koriander
3 g getrockneter Rosmarin
5 g getrockneter Thymian
6 g Muskatnuss
6 g Muskatblüte
5 g getrocknete Steinpilze
5 g gemahlener Ingwer
4 Gewürznelken
1 Lorbeerblatt
1 kg feines Salz

Zubereitung

Schritt 1
Für das Wildgewürz bis auf den Ingwer bitte keine gemahlenen, sondern ganze Gewürze verwenden. Alle Zutaten bis auf das Salz in einem Mörser oder einer Mühle ganz fein zerstoßen, dann mit dem Salz mischen. In Schraub- oder Einmachgläsern dunkel und kühl aufbewahren. Das Gewürz braucht ca. 1–2 Monate, um zu reifen. Dann im Standmixer auf höchster Geschwindigkeit mixen, damit wirklich alles ganz fein zerstoßen und gemischt ist. Wieder in die Gläser füllen, so hält es sich sehr lange.

Schritt 2
Das frisch geschossene Reh ohne Abhängen aus der Decke schlagen und zerwirken. Rückenstränge (Filets) auslösen, sauber parieren, von allen Sehnen und Silberhäuten befreien und jeweils in vier gleiche Teile scheiden. Schlögel partieweise auslösen und ebenso sauber pariert in ähnlich große Portionsstücke zerteilen. (Den Rest vom Jahrling wie üblich verwerten, z. B. zu Pasteten, Ragout, Wurst usw.)
Die Rehrücken- und Schlögelstücke mit den frischen Kräutern und dem Wildgewürz in ein großes Reindl geben und mit Olivenöl übergießen, bis das Fleisch ganz vom Öl bedeckt ist. Dann alles gut durchmengen, einen Deckel darauflegen und an einem kühlen Platz mindestens 4 Stunden ziehen lassen.

Schritt 3
Die Fleischstücke aus dem Öl nehmen, ganz wenig abtropfen lassen und dann wie große Steaks entweder in der Pfanne oder auf dem Grill braten.

Das Fleisch liegt unter Luftabschluss und hält sich so auch auf der Jagdhütte (wenn sie einen kühlen Keller oder anderen kühlen Ort hat) 3–4 Tage – wenn das Reindl bis dahin nicht leer gegessen wurde.

Am besten eignet sich für dieses Rezept ein im frühen Mai geschossener Jahrling. Man kann jedoch natürlich auch Rehe, die nicht im Mai geschossen wurden, verwenden.

Bertram Quadt, Journalist und Jagdschriftsteller

Unser Mittagessen

Ich darf seit vielen Jahren bei Freunden in England Rehe jagen. Das Revier ist prachtvoll schön und hat großes Potential – leider konnte man von der Köchin, die früher dort das Szepter schwang, weder das eine noch das andere behaupten. Sie fungierte eher in der Kategorie „Überlebensrisiko". Aber als Gast nimmt man brav vom Vorgesetzten und lobt zumindest die Qualität der Weine, wobei es an denen nie etwas auszusetzen gab.

In einem Jahr schwang sich die Köchin zu den absoluten Spitzen (recte: Abgründen) der alten englischen Küche auf: Nierenpasteten, halbrohe, uralte Fasanen, nicht näher definierte Gerichte aus Faschiertem unklarer Provenienz in farblich mühsamen Saucen. Wir litten Hunger. Bei einer Frühpirsch Anfang Mai stand ein nudelfeister Jahrlingsbock auf der Wiese. Eigentlich war er viel zu gut, um entnommen zu werden, aber hier ging es um unser blankes Überleben. Ich schaute zum Jäger, den ich an diesem Morgen anführte, und sagte: „Da steht unser Mit...". Noch bevor ich das „...tagessen" herausbrachte, verschlegelte der Bock im Feuer.

Innerhalb einer halben Stunde war er geliefert, aufgebrochen, aus der Decke geschlagen und zerwirkt. Ich hatte damals per Zufall ein kleines Glas von meinem selbst gemachten Wildgewürz im Auto dabei, Olivenöl und frische Kräuter gab's im Laden. Und als die ersten Steaks in der Pfanne bräunten, kam auch der Hausherr dazu, aß mit großem Appetit mit und sagte danach satt und glücklich: „Ich wusste gar nicht, dass so gutes Fleisch bei mir herumläuft."

Seitdem ist das Maibock-Essen fester Bestandteil aller Jahrlingsjagden in diesem Revier.
Und eines habe ich dabei gelernt: Junges Rehwild im Frühling schmeckt am besten, wenn es sozusagen noch „warm" ist. Das Wild äst die besten und zartesten Kräutlein. Warum soll man eine solche Delikatesse dann groß hängen lassen?

Maximilian Pira
Jagatopf

Maximilian Pira
Jagatopf

Der zum Kochen verwendete Topf, der Potjie, ist ein Originalimport aus Südafrika – der interessierte Leser wird im Internet auf Bezugsquellen stoßen. Der Potjie wird in Südafrika von den Africaans, den Nachkommen der holländischen Einwanderer, häufig und mit Freude verwendet. Er ist aus dem Leben der Südafrikaner nicht mehr wegzudenken und ist zu einer Art südafrikanischem Lebensgefühl geworden. Die Africaans kochen darin alle Arten von Fleisch, Gemüse oder Obst und backen darin sogar Brot.

Der Potjie eignet sich meines Erachtens perfekt zum Kochen auf der Jagdhütte für eine große Anzahl von Gästen. Man kann alles einfach vorbereiten und hat genügend Zeit, sich um die Gäste zu kümmern – ohne ständig in der Küche zu stehen.

Dieses Rezept stammt aus einem südafrikanischen Kochbuch, ich tausche lediglich das Kudufleisch gegen Rehfleisch aus – das Ergebnis überzeugt. Das Gericht kann mit diversem Wildbret zubereitet werden. Auch die Zutaten kann man beliebig ergänzen oder abändern – der Phantasie sind hier keine Grenzen gesetzt. Es müssen auch keine Erdäpfel beigegeben werden (jedoch ist dann nur ¼ l Wildfond zu verwenden).

Zutaten für 4 Personen

15 ml Pflanzenöl
15 ml Butter
125 g Bauchspeck, in Streifen geschnitten
1 Zwiebel
2 Knoblauchzehen
350 g braune Champignons
1 1/2 kg Rehfleisch (vom Schlögel oder der Schulter)
1 kg Erdäpfel
750 ml Wildfond
125 ml Rotwein
15 ml Zitronensaft
15 ml Paradeisermark
Salz und schwarzer Pfeffer
Petersilie

Zubereitung

Schritt 1
In den erhitzten Potjie Öl und Butter geben und die Speckstreifen darin knusprig braten. Fein geschnittene Zwiebel, Knoblauch und Champignons hinzugeben und glasig braten. Das ganze Gemüse wieder herausnehmen und das in Würfel geschnittene Fleisch anbraten. Das Gemüse wieder zum Fleisch geben und die geschälten und geviertelten Erdäpfel darauflegen. In einem separaten Topf zusammen den Wildfond, Wein, Zitronensaft, Paradeisermark, Salz und Pfeffer erhitzen und in den Potjie gießen.

Schritt 2
Den Potjie zudecken und das Ganze 2–3 Stunden ohne umzurühren kochen lassen. Zwei- bis dreimal kontrollieren, ob die Hitze nicht zu groß und die Flüssigkeit ausreichend ist (Anbrenngefahr), gegebenenfalls mit Wildfond und Wein aufgießen. Ansonsten den Potjie stets geschlossen halten, nicht umrühren!
Vor dem Servieren mit Petersilie bestreuen.

Maximilian Pira, Jurist in Salzburg

Zweimal Schweiß

Bei meinem Studienaufenthalt in Südafrika war es für mich als Jäger natürlich Pflicht, auch auf diesem Kontinent einmal jagen zu gehen. Ich fuhr deshalb mit einem Studienkollegen nach Windhoek/Namibia und besuchte die Jagdfarm eines Steirers, Arnold Melcher, welcher uns von Bekannten wärmstens empfohlen worden war. Klein ist die Welt, und schnell fühlten wir uns bei ihm wohl …

Mein Wunsch war, einen Springbock zu erlegen. Die Jagdführung des Jagdherren war mehr als hilfreich, da wir von der unterschiedlichen Tier- und Pflanzenwelt reichlich desorientiert waren. Wir pirschten auf einen alleinstehenden Bock, und ich schoss stehend angestrichen auf ihn. Der Bock lag im Feuer, und meine Freude als einfacher Jungjäger war riesengroß. Immer, wenn der Schuss passt, ist die Erlösung groß. Bei ungewohnten Verhältnissen freut man sich umso mehr, einen guten Schuss anzubringen. Der Besitzer der Nachbarfarm, der mit meinem Kollegen angesessen ist, hat natürlich nach dem Schuss sofort meinen Jagdführer angefunkt.

Die Antwort von meinem Jagdführer hat mich dann doch stutzig gemacht: „Zwei Mal Schweiß! … Einmal der Bock und einmal der Jäger!"

Ich griff mir auf die Stirn, und tatsächlich tropfte mir „Schweiß" von der Augenbraue. Wieder einmal hat es mir das Glasl „draufgeschnalzt", weil ich falsch angelegt hatte. In der Aufregung kann das natürlich passieren … Was soll's, dachte ich mir – Hauptsache, der Bock liegt!

Philipp Breitenecker
Rehbeuscherl

Philipp Breitenecker
Rehbeuscherl

Ich habe es mir zum Prinzip gemacht: Alles was erlegt wird, wird auch gegessen. Dabei habe ich meine Liebe zu frischem Beuschel wiederentdeckt. Nach der roten Arbeit nehme ich die Lunge und das Herz mit nach Hause in die Küche und mache mich sogleich an die Arbeit.

Zutaten für 4 Personen

Lunge und Herz von 1 Reh
1 Bund Wurzelwerk (Karotte, Sellerie, Gelbe Rübe etc.)
etwas Öl zum Anbraten
1 EL Salz
1 Lorbeerblatt
5 Pfefferkörner
4 Stück Wacholderbeeren
1 EL Thymian
1 Zwiebel, geschält
3 ganze Knoblauchzehen, geschält
Pfeffer aus der Mühle
1 Schuss Zitronensaft

Zutaten für die Sauce
1 Zwiebel, geschält
5 kleine gesalzene Kapern
2 Karotten, geschält
10 Essiggurkerl
60 g Butter
60 g Mehl
1 Schuss Essig
1 Knoblauchzehe, gehackt
1 Becher Obers
1 Becher Sauerrahm
1 Lorbeerblatt
Salz und Pfeffer
1 kleines Thymiansträußchen, frisch gehackt
1 Hauch Majoran
1 Prise Zucker
1 Schuss Zitronensaft
geriebene Schale von 1 Zitrone (unbehandelt)
1 EL Sardellenpaste

Zubereitung

Schritt 1
Die Innereien waschen, die Lunge evtl. mit der Messerspitze leicht anstechen, damit der Sud besser eindringen kann. Wurzelwerk putzen, waschen und in Stücke schneiden.

Schritt 2
In einem großen Topf Öl heiß werden lassen. Das Wurzelwerk kurz darin anbraten und mit 2,5–3 l Wasser aufgießen, salzen. Lorbeerblatt, Pfefferkörnern, Wacholderbeeren, Thymian, ganze Zwiebel, ganze Knoblauchzehen, Lunge und Herz zufügen und bei schwacher Hitze köcheln lassen.

Schritt 3
Nach ca. 25 Minuten die Lunge (Beuschel) aus dem Wasser nehmen und kurz in kaltes Wasser legen. Das Herz noch weitere 15 Minuten kochen lassen. Danach auch das Herz herausnehmen und auskühlen lassen, den Sud für die Sauce aufbewahren.

Schritt 4
Herz und Lunge in feine Streifen schneiden. Mit Salz, Pfeffer und Zitronensaft vermengen und beiseite stellen (hier macht sich die Arbeit des Kleinschneidens bezahlt, weil's dann besser schmeckt).

Schritt 5
Für die Sauce den Kochsud vom Beuschel und vom Herz abseihen, bei reduzierter Hitze köcheln lassen. Zwiebeln, Kapern, Karotten und Essiggurkerln sehr fein hacken. Butter erhitzen, Mehl darin braun rösten, das Feingehackte beigeben, etwas mitrösten und mit dem ganzen Sud aufgießen. Mit einer Schneerute glattrühren, ca. 30 Minuten zu einer molligen Sauce verkochen. Herz- und Lungenstreifen, Essig, Knoblauchzehe, Obers und Sauerrahm dazugeben. 1 Lorbeerblatt dazugeben, mit Salz und Pfeffer abschmecken, Thymian, einen Hauch Majoran, 1 Prise Zucker, Zitronensaft, geriebene Zitronenschale und Sardellenpaste beimengen, dann heiß 20 Minuten ziehen lassen.

Philipp Breitenecker, Marketingmanager und Naturliebhaber

Für Frau und Kinder

Die Verbundenheit zur Natur, Traditionen und die natürlichen Werte im Einklang mit Mensch und Tier sind Dinge, die mir als Kind schon wichtig waren. Geschichten, die mir mein Vater in Jugendjahren erzählte und die ihm wiederum in seiner Jugend von seinem Vater erzählt wurden, haben mich immer gefesselt.

Nun, wo ich selbst Kinder habe, liegt es mir am Herzen, das auch so weiterzugeben. Ob eine „Gute-Nacht-Geschichte" vom Hahnen-Verlosen in den Mariazeller Bergen oder eine „Zeitvertreib-Geschichte" beim Autofahren vom Bau und der Beschickung von Reviereinrichtungen, all das fasziniert meine beiden Töchter, und das ist gut so.

Letztes Jahr im Herbst war wieder so ein Moment, an den ich mich mein ganzes Leben erinnern werde. Ich war in der Ötscher Region zur Hirschbrunft eingeladen worden und hatte vor, über das Wochenende auch meine Familie mitzunehmen. Das frühe Aufstehen fällt leider nur mir leicht, deswegen hatte ich an jenem Tag auch keine Mühe, aus den Federn zu kommen. Nach einer nicht gerade von flüssiger Kommunikation geprägten Autofahrt mit dem Pirschführer ins Revier zeitig am Morgen hatten wir uns auf einem Almboden eingefunden. Nun ging es zu Fuß weiter zu einem Platz, der angeblich „ned schlecht sei soid".

Mein Pirschführer hatte auch schon den idealen Standort ausgewählt, wo wir ansitzen sollten. Nach einer kurzen Verweildauer packte er seinen Hirschruf aus und begann fleißig auf die Röhrenden zu antworten. Und siehe da, wir hatten auch gleich Erfolg. Doch statt dem Stutzen packte ich meine Videokamera und wollte alles für meine Kinder festhalten. Natürlich hatte ich als Technik-Freak einen 3-D-Camcorder mit, der sowohl Ton als auch Bild in 3-D aufnehmen konnte. Mein Pirschführer konnte seinen Augen nicht trauen, weil er so ein Gerät noch nie gesehen hatte. Und gleich haute er sich noch mehr ins Zeug, damit unser Hirsch in den Anblick kam. Mit allen technischen Raffinessen konnte ich den Burschen im Großformat aufnehmen und für eine weitere „Kinder-Geschichte" festhalten.

Im Jagdhaus angekommen, konnte ich es kaum erwarten, meiner Frau und den beiden Kindern von dem Erlebnis zu berichten und ihnen das Video zu zeigen, welches ich parallel gedreht habe.

Manchmal ist es eben auch hilfreich, neueste Technik auch bei der Jagd erfolgreich einsetzen zu können.

Rehsuppe mit Rehleberknödel

Helmut Dschulnigg
Rehsuppe mit Rehleberknödeln

Zutaten für 4 Personen

2 Scheiben Rehleber
1/8 l Milch (ev. etwas mehr)
etwas Pflanzenöl
150 g Knödelbrot
5 EL Petersilie, gehackt
1 Jungzwiebel, gehackt
3 EL Majoran, gehackt
1 Prise Salz
2 Eier
Schnittlauch

Zubereitung

Schritt 1
Die Rehleber passieren oder mit einem scharfen Messer ganz klein schneiden.

Schritt 2
Milch mit Öl erwärmen und über das Knödelbrot gießen. Gehackte Petersilie, Jungzwiebel, Majoran, Salz und Eier zufügen. In einer Schüssel den Knödelteig mit der passierten Rehleber gut durchkneten.

Schritt 3
Aus dieser Masse mit nassen Händen 8 Knödel formen und im Topf, in dem die Rehschulter kocht (siehe Seite 60) 15 Minuten mitkochen lassen, danach die Knödel herausnehmen und bis zum Servieren der Suppe zur Seite stellen.

Anrichten der Suppe
Nachdem die Rehschulter 1 Stunde 15 Minuten gekocht hat, die Suppe abseihen und mit Salz und Pfeffer abschmecken. Dann portionsweise in Suppenteller füllen und je 2 gekochte Rehleberknödel dazugeben. Wenn gewünscht, mit gehacktem Schnittlauch verfeinern.

Helmut Dschulnigg
Gekochte Rehschulter
mit Schwammerlsauce und gerösteten Erdäpfeln

Zutaten für 4 Personen

gekochte Rehschulter
1 kg ausgelöste Rehschulter
einige Rehknochen
1 Bund Suppengrün
5 Karotten, in Scheiben geschnitten
2 Jungzwiebeln, grob geschnitten
Salz
Pfefferkörner
2 Lorbeerblätter
4 Wacholderbeeren

Schwammerlsauce
2 Hand voll getrocknete Steinpilze
2 Zwiebeln, gehackt
100 g frische Feldchampignons
2 EL Butter
Salz und Pfeffer
Zitronenschale von 2 Zitronen (unbehandelt)
1/8 l Obers
1/8 l Sauerrahm
1 Schuss Rum
1 Bund Petersilie, gehackt

Geröstete Erdäpfel
1 Zwiebel, gehackt
4 EL Butter
4 große Erdäpfel, gekocht
1 Hand voll Petersilie, gehackt
1 Prise Kümmel

Zubereitung Rehschulter

Schritt 1
2 Liter Wasser mit geputztem, grob gewürfeltem Suppengrün, Karotten und Jungzwiebeln in einem Topf zum Kochen bringen.
Wenn das Wasser kocht, Salz, Pfefferkörner, Lorbeerblätter, Wacholderbeeren und Rehfleisch dazugeben.

Schritt 2
Mit Deckel bei niedriger Temperatur ca. 1 Stunde und 15 Minuten köcheln lassen.

Zubereitung Schwammerlsauce

Schritt 1
Steinpilze für 1 Stunde in Wasser einlegen.

Schritt 2
Die Zwiebeln und die Champignons putzen und blättrig schneiden. Zwiebeln in Butter anschwitzen. Steinpilze und Champignons hinzufügen und mit Salz und Pfeffer abschmecken.

Schritt 3
Von 2 Zitronen die Schale raspeln und diese in einer Schüssel mit Obers und Sauerrahm verquirlen. Pilze mit einem Schuss Rum ablöschen und das Zitronen-Obers-Sauerrahm-Gemisch in die Pfanne dazugeben. Alles noch einmal aufkochen lassen und gut umrühren, so dass eine sämige Sauce entsteht. Zum Schluss Petersilie hinzufügen.

Helmut Dschnulnigg, Weinhändler (Soiceteé Chasseur Vin Art) und seit Jugendjahren leidenschaftlicher Jäger, www.nogerl.at

Zubereitung geröstete Erdäpfel

Schritt 1
Die gehackte Zwiebel in Butter anschwitzen.

Schritt 2
Die gekochten Erdäpfel schälen, in dünne Scheiben schneiden, zu den Zwiebeln in die Pfanne geben und durchrösten. Zum Schluss mit Petersilie und Kümmel abschmecken.

Anrichten der Rehschulter

Schritt 1
Das Fleisch der Rehschulter nach 1 Stunde 15 Minuten aus dem Topf nehmen und in dickere Scheiben schneiden.

Schritt 2
Die Fleischscheiben auf den Tellern mit Schwammerlsauce und den gerösteten Erdäpfeln anrichten.

Helmut Dschulnigg möchte sich recht herzlich bei seiner Schwester Constanze Dorn und Frau Bimminger für die Unterstützung in der Küche bedanken.

Das Geburtstagsgeschenk

Mein Beruf erlaubt es mir, täglich mit dem schönsten Kulturgut Österreichs zu tun zu haben: dem Wein. Privatpersonen oder Gastronomen auf die Vielseitigkeit der österreichischen Weine persönlich im Verkaufsgespräch hinzuweisen, ist immer wieder eine schöne, abwechslungsreiche Arbeit.

Dennoch ist meine eigentliche Leidenschaft seit mehr als 45 Jahren die Jagd und deren facettenreiche Vielfalt. Durch meine Familie, die in 2. Generation den bekanntesten Jagdausstatter in Salzburg führt, bin ich mit der Jagd groß geworden und hege diese Tradition weiter, nicht nur als Hobby, sondern als Passion. „Die Jagd war für mich immer das Salz auf dem Brote des Lebens, um es schmackhaft zu machen", das sagte schon mein Vater, und ich kann ihm nur zustimmen.

Das schönste Geburtstagsgeschenk, das ich mir zu einem runden Geburtstag selbst gemacht habe, war mein Kapitalhirsch. Voller Aufregung und Vorfreude bin ich nach Admont gefahren, um den Hirsch zu erlegen. Nun hängt die Trophäe bei mir zu Hause, und jeden Tag in der Früh, wenn ich ihn voller Stolz bestaune, erfreue ich mich an meinem Lebenshirsch.

Da freut man sich doch aufs Älterwerden, wenn man so schöne Geschenke bekommt!

Weidmannsheil!

Leo Schoeler
Rehragout mit Schokolade

Leo Schoeler
Rehragout mit Schokolade

Zutaten für 4 Personen

1 kg Rehschulter
200 g Knollensellerie
1 Karotte
2 Zwiebeln
2 EL Öl
1 EL Paradeisermark
200 ml Rotwein
4 cl Weinbrand (Cognac)
ca. ½ l Hühnersuppe
1 Lorbeerblatt
½ TL schwarz Pfefferkörner
5 Wacholderbeeren, angedrückt
5 Pimentkörner
½ Knoblauchzehe
1 Scheibe Ingwer
Orangenzesten (von 1 unbehandelten Orange)
1 TL Staubzucker
5 EL Rotweinessig
10 g Zartbitterschokolade
1 EL Johannisbeergelee
20 g Butter

Zubereitung

Schritt 1
Für das Ragout das Rehfleisch von Sehnen befreien und in 3–4 cm große Würfel schneiden. Sellerie, Karotte und Zwiebeln schälen und in 2 cm große Würfel schneiden.

Schritt 2
Das Rehfleisch in einem Topf bei mittlerer Hitze im Öl von allen Seiten anbraten. Das Gemüse mit dem Paradeisermark hineinrühren, etwas mitschwitzen lassen, mit Rotwein und Weinbrand ablöschen und die Flüssigkeit sirupartig einreduzieren lassen. Mit so viel Hühnersuppe auffüllen, dass die Fleischstücke damit gut bedeckt sind. Das Rehfleisch 1 bis 1 ½ Stunden bei milder Hitze knapp unter dem Siedepunkt weich schmoren. Nach 1 Stunde Lorbeerblatt, Pfeffer, Wachholderbeeren und Pimentkörner dazugeben.

Schritt 3
Die geschmorten Fleischstücke aus dem Topf nehmen. Die Sauce durch ein Sieb passieren und je nach Konsistenz noch etwas reduzieren lassen. Knoblauch, Ingwer und Orangenzesten dazugeben, einige Minuten darin ziehen lassen und wieder entfernen.
Den Staubzucker in eine Pfanne sieben und bei mittlerer Hitze hell karamellisieren lassen, mit dem Essig ablöschen und auf die Hälfte reduzieren lassen.

Schritt 4
Die Schokolade in der Sauce schmelzen lassen, mit dem Johannisbeergelee, Salz, Pfeffer und der Essigreduktion abschmecken. Die Butter in der Sauce schmelzen lassen. Das Fleisch wieder dazugeben und in der Sauce erwärmen. Je nach Geschmack mit etwas Obers verfeinern.

Leo Schoeler, Student und Forstwirt

Angesetzter Walnussschnaps

Falls jemand das Glück hat, einen Walnussbaum im Revier zu haben, bietet es sich natürlich an, auf dem Weg zurück vom erfolglosen Ansitz wenigstens noch ein paar Nüsse zu ernten. Ansonsten sofort einen pflanzen, das gibt dann irgendwann Nüsse, einen schönen Gewehrschaft oder ein paar Euro für die Enkel. Viel Spaß bei (der wirklich kinderleichten) Zubereitung, zum Wohl und Weidmannsheil!

Zutaten

20 Stück grüne Walnüsse
7 Stück Gewürznelken
etwas Kümmel
Sternanis
Ingwer
1 Vanilleschote
2–3 Stangen Zimt
Waldmeister (falls vorhanden)
Orangen- oder Zitronenschale (unbehandelt)
1 1/2 l Korn (38–42 %)

Zubereitung

Walnüsse (bis Ende Juli ernten!) halbieren oder vierteln und mit den anderen Zutaten und dem Ansatzkorn in ein großes Glas (idealerweise in ein großes Gurkenglas) füllen. Das Ganze 5–7 Wochen in die Sonne oder an einen warmen Ort stellen. Dann den Schnaps filtrieren und mit in wenig Wasser aufgekochtem Kandiszucker (noch warm) vermischen. In Flaschen füllen und dunkel lagern.

„Geteiltes Glück ist doppeltes Glück"

Die komplette Familie war am Schliersee zusammengekommen, um den 100. Geburtstag unserer Großmutter zu feiern. Alle im Haus schliefen noch, als mein Bruder und ich uns am nächsten Morgen um halb vier in die dunkle, kalte Nacht hinausschlichen, um in den Bergen auf seine erste Gams zu gehen. Die frische Morgenluft und die unendliche Vorfreude ließen uns schnell wach werden. Nachdem wir die erste halbe Stunde in völliger Dunkelheit marschiert waren, begann es langsam zu dämmern. Während der nächsten 6 Stunden hatten wir immer wieder Anblick, kamen jedoch leider nie zum Schuss. Obwohl wir nun schon so lange keinen Erfolg hatten, war es eine der spannendsten, anstrengendsten und schönsten Pirschen, die ich je hatte. Da in dem Revier immer viele Wanderer unterwegs sind, waren wir um 10.30 Uhr etwas entnervt kurz davor aufzugeben und uns an den Abstieg zu machen. In diesem Moment bemerkte mein Bruder hinter der letzten Kuppe auf ca. 80 Meter einen Jahrling. Nach schnellem Ansprechen legte er am Pirschstock an und schoss. Der Bock lag im Feuer. Selten habe ich mich über ein Stück so gefreut wie damals. Mit der aufgebrochenen Gams im Rucksack stiegen wir zur nächsten Alm ab. Nach einer kleinen Brotzeit mit einem halbem Hellen und einem traumhaften Blick über das Tal machten wir uns auf den Weg zum Auto. Zu Hause angekommen, versorgten wir das Wild und fielen danach müde und gleichzeitig unendlich glücklich ins Bett. Einen schöneren Tag kann es nicht geben, deshalb erfreue ich mich immer wieder an der Jagd und deren facettenreichen Geschichten, die die Natur für uns parat hat.

Leonhard Ségur-Cabanac
Rehroulade im Schweinsnetz

mit Mangoldgemüse
und Apfelrotkraut

Leonhard Ségur-Cabanac
Rehroulade im Schweinsnetz
mit Mangoldgemüse und Apfelrotkraut

Zutaten für 4 Personen

Rehroulade
ca. 200 g Rehrückenfilets (gemeint sind kleine Filets, die manchmal aus dem Rücken extra noch herausgelöst werden)
ca. 6 große Mangoldblätter
Salz und Pfeffer
1 Schweinsnetz, ca. 30 x 20 cm, gewässert
Öl zum Braten

Farce
60 g dreierlei Pilze, z. B. Eierschwammerln, Shiitake, Morcheln
1 TL Butter
Salz und Pfeffer
ca. 120 g Rehfleisch (vom Schlögel oder von der Schulter)
ca. 20 g Speck
ca. 125 ml Obers
frischer Thymian
frischer Rosmarin
ca. 30 g Gänsestopfleber oder andere Geflügelleber

Zubereitung Rehroulade

Schritt 1
Für die Farce Pilze putzen, klein schneiden, in etwas Butter anbraten, salzen und pfeffern. Pilze auf Küchenrolle abtropfen und abkühlen lassen. Rehfleisch und Speck fein schneiden und mit Obers – wenn vorhanden – durch den Fleischwolf drehen, anschließend kühl stellen. Gemeinsam mit einem Eiswürfel im Standmixer zu einer feinen Farce verarbeiten und die fein gehackten Kräuter (1–2 TL) beigeben. Von dieser Farce ca. 2 EL beiseite geben, abschmecken und kühl stellen (wird später gebraucht). Die übrige Farce mit den Pilzen und der Leber vermengen, einigermaßen glatt rühren, abschmecken und kühl stellen.

Schritt 2
Für die Roulade Rehfilets parieren. 6 schöne, große Mangoldblätter in Salzwasser blanchieren und anschließend kalt abschrecken. Die Blätter mit den Rippen nach oben auf einem Tuch auslegen, mit einem zweiten Tuch abdecken, die Strunke leicht plattieren, um die Blätter geschmeidiger zu machen.
Das Schweinsnetz auf einem Tuch ausbreiten, darauf die Mangoldblätter leicht überlappend zu einem schönen Rechteck auflegen.

Schritt 3
Die Filets salzen, pfeffern und jeweils eine Seite mit der Pilzfarce bestreichen. Die Filets mit der Farce nach unten mittig auf den Mangold legen und mit der beiseite gegebenen Farce ohne Einlage bestreichen. Das zweite Filet salzen, pfeffern und mit etwas Farce ohne Einlage bestreichen. Das Filet mit der Farce nach unten auf das erste Stück Filet legen, leicht festdrücken und mit Pilzfarce wieder bestreichen. Wenn die Farce und die Filets verbraucht sind, mit Hilfe des Tuches, welches als Arbeitsfläche für die Mangoldblätter, Farce und Filets diente, langsam zu einer Rolle formen. Schön fest reinrollen und das Schweinsnetz an den Enden überschlagen, so dass sich ein kompakter Strudel ergibt. Die Rolle ringsherum in Öl braun anbraten.

Schritt 4
Anschließend auf einem Backblech oder in einer Bratform im vorgeheizten Backrohr bei 180 °C 12–14 Minuten rosa braten. Danach die Roulade herausnehmen und in Alufolie gewickelt 7–10 Minuten ruhen lassen, Alufolie entfernen, Roulade tranchieren und anrichten.

Leonhard Ségur-Cabanac, Geschäftsführer BIO-TECH GmbH

Beilagenempfehlung:

Mangoldgemüse

ca. 12 Mangoldblätter
Salz
1 Becher Sauerrahm
Muskatnuss

Die Mangoldblätter waschen, Rippen vom Grün trennen, würfeln und in Salzwasser weich kochen. Zuletzt die in Streifen geschnittenen Blätter ins Wasser geben und kurz kochen. Abseihen, mit Salz, Sauerrahm und etwas Muskatnuss abschmecken.

Schupfnudeln

ca. 1/2 kg mehlige Erdäpfel, gekocht
2 Eier
150 g Mehl
Salz und Muskatnuss
Butter zum Anbraten
1 Bund frische Petersilie

Die geschälten Erdäpfel durch eine Erdäpfelpresse drücken. Mit Eiern, Mehl, Salz und Muskat zu einem festen Teig kneten. Daraus fingerlange Röllchen formen, diese in 2 Liter kochendes Salzwasser geben. Etwa 5 Minuten lang ziehen lassen, bis sie oben schwimmen, herausnehmen und abtropfen lassen. Anschließend in einer Pfanne mit reichlich Butter rasch anbraten, gehackte Petersilie dazugeben.

Apfelrotkraut

Eine fertige Packung Rotkraut nach Anleitung kochen und mit maximal einer Nelke sowie einem Apfel verfeinern.

Orangen-Wacholder-Pfeffersauce

1–2 EL Zucker
1/2 l Orangensaft
ca. 15 Wacholderbeeren
ca. 5–10 Pfefferkörner
etwas Gin
1–2 EL Preiselbeermarmelade

Zucker in einem Topf karamellisieren, mit Orangensaft ablöschen. Wacholderbeeren und Pfefferkörner dazugeben und so lange kochen, bis die Sauce leicht eindickt und den Geschmack der Körner angenommen hat. Mit Gin und Preiselbeermarmelade abschmecken.

„Diana ist ein Luder"

Einmal, als Jagdausflüge noch nichts mit Lobbying oder Schmiergeld zu tun hatten, nahm mein Vater mich nach Ungarn mit. Ich war damals ungefähr elf. Rot- oder Schwarzwild, ich kann mich nicht mehr erinnern.

Im Laufe der Frühpirsch, die zwar ereignislos, aber landschaftlich lohnend war, hatten wir uns relativ weit vom Ausgangspunkt entfernt. Der Pirschführer bestand darauf, uns zurück zur Unterkunft zu chauffieren. Er marschierte also los, um das Geländeauto zu holen, und ließ uns im Wald zurück. Mittlerweile war es warm geworden. Die goldene Herbstsonne schien durch den lichten Laubwald, und wir spürten den Hunger und die Müdigkeit in uns aufsteigen. Wir zogen also unsere Jacken aus, lehnten Rucksack und Gewehr an einen Baum und uns an einen anderen. Nach einer kurzen Weile sagte mein Vater schmunzelnd: „Siehst du, genau das soll man nie tun!" Ich: „Was?" „Das Gewehr nicht griffbereit haben! Diana ist ein Luder, und immer genau dann, wenn das Gewehr am ANDEREN Baum lehnt …"

Er kam nicht weiter. Ein leises Rascheln, eine Bewegung, und wir blickten in die großen Augen eines Hirsches, der ebenso überrascht zu sein schien wie wir. Ein unterdrücktes „Sch….", ein Blick zum Gewehr außer Reichweite, und schon war der Hirsch verschwunden, so leise wie er erschienen war.

Diese Lektion habe ich mir gemerkt.

Hubert Stöhr
Rehrücken in Bockbiersauce
mit Semmelknöderln und Speckfisolen

Hubert Stöhr
Rehrücken in Bockbiersauce
mit Semmelknöderln und Speckfisolen

Zutaten für 4 Personen

600 g Rehrücken, ausgelöst
(Rehfilet)
Salz und Pfeffer
Wildgewürz
Öl oder Butterschmalz
3 EL Butter
etwas Mehl

Wildfond
ca. 200g Rehknochen
Öl zum Anbraten
1 Zwiebel, gehackt
200 g Wurzelgemüse,
würfelig geschnitten
1 EL Paradeisermark
1 Lorbeerblatt
5 Wacholderbeeren
1 Thymianzweig

Biersauce
1 Zwiebel
wenig Öl zum Anbraten
½ Flasche Bockbier

Semmelknöderln
ca. 1/4 l Milch
2 EL Butter
ca. 300 g Semmelwürfel
1 kleine Zwiebel
wenig Öl zum Anrösten
1 Bund Petersilie
Salz und Pfeffer
2 Eier

Fisolen
ca. 500 g Fisolen
60 g durchzogener Speck
Salz und Pfeffer

Zubereitung

Schritt 1
Für den Wildfond Rehknochen und Abschnitte (vom Auslösen und Zuputzen des Rehrückens) in Öl scharf anbraten, überflüssiges Öl abgießen. In einem anderen Topf 1 Zwiebel und das Wurzelgemüse anrösten. Paradeisermark zugeben und mitrösten. Knochen zugeben, mit Wasser gut bedecken, Lorbeerblatt, ein paar Wacholderbeeren und Thymian zugeben. Mindestens 2 Stunden köcheln lassen, dann abseihen, etwas einreduzieren lassen und diesen Wildfond später zum Aufgießen des Filets verwenden.
Für die Biersauce die Zwiebel in wenig heißem Öl anschwitzen, mit Bier aufgießen und einreduzieren lassen.

Schritt 2
Für die Knöderln Milch und Butter erwärmen und über die Semmelwürfel gießen. Fein geschnittene Zwiebel anrösten und zugeben. Petersilie fein schneiden und auch untermengen. Mit Salz und Pfeffer würzen, Eier unterrühren und den Teig 15 Minuten rasten lassen. Aus dieser Masse kleine Knöderln formen und in ausreichend Salzwasser kochen.

Schritt 3
Rehrücken zuputzen, waschen und trocken tupfen. Salzen, pfeffern und mit Wildgewürz einreiben. Öl in einer Pfanne erhitzen und den Rehrücken rundum scharf anbraten. Anschließend in einen Bräter geben und bei ca. 200 °C ca. 15 Minuten im Backrohr weiterbraten, bis er schön gebräunt ist. Regelmäßig mit dem zuvor hergestellten Wildfond aufgießen. Nach 10 Minuten der Bratzeit aus der kalten Butter kleine Kugerln formen und diese in wenig Mehl wälzen, dann in die Sauce einrühren.

Schritt 4
Fisolen in Salzwasser bissfest kochen. Speck klein schneiden und in einer Pfanne anschwitzen, die abgeseihten und gut abgetropften Fisolen unter den Speck rühren. Mit Salz und Pfeffer abschmecken.
Den fertigen Rehrücken mit der Sauce, den Knöderln und den Speckfisolen auf Tellern anrichten, die Biersauce ebenfalls dazu reichen.

Hubert Stöhr, Bierbrauer und Geschäftsführer der Brauerei Schloss Eggenberg

Die Schönheit unserer Natur, speziell im Gebirge, erleben. Ein mit gesunder Anstrengung verbundener Aufstieg, vielleicht eine Übernachtung in einer hoch gelegenen Hütte und dann die Morgenpirsch bei Sonnenaufgang – das lässt das Herz eines Jägers höher schlagen!

Mit Hund – ohne Flinte

Mein Deutsch-Drahthaar namens „Erko" hatte gerade die Vollgebrauchsprüfung bestanden, und die Vorfreude auf die erste richtige Jagd war bei Hund und Halter sehr groß. Bald darauf, im November, bekam ich eine Einladung zu einer Niederwildjagd in der Nähe von Wels in Oberösterreich. Am Tag der Jagd fuhr ich um 7 Uhr früh zu meinem Förster, um „Erko" zu holen, und fuhr dann weiter zur Jagd. Voll Stolz dort angekommen, nahm ich zur Begrüßung Aufstellung, da fragte mich der Jagdleiter: „Wo hast du denn deine Flinte?" Auf einmal hat's bei mir gefunkt, dass ich vor lauter Aufregung zwar den Hund mitgenommen hatte, nicht aber mein Gewehr. Daraufhin setze ich mich gleich ins Auto, fuhr noch einmal nach Hause, um die Flinte zu holen, und war dann auch rechtzeitig vor Ende des 1. Triebs wieder zurück bei der Jagd. Am Abend wurde dann mein Erscheinen ohne Gewehr natürlich beim Jagdgericht geahndet, folglich musste ich den obligatorischen Liter Wein spendieren.

Bier und Speise

Dem Thema „Foodpairing" mit Bier kommt weltweit eine immer stärkere Bedeutung zu. Nachfolgende Überlegungen sollen Ihnen die „Paarung" von Bier und verschiedenen Gerichten ein wenig erleichtern:

- helles Bier zu hellen Gerichten,
- je würziger die Speise, umso bitterer und/oder kohlensäurehältiger das Bier,
- je schwerer die Speise, umso leichter und milder das Bier,
- zu sehr süßen Speisen empfehlen sich herbe Biertypen,
- beim Fehlen von Säurelieferanten (Früchten) wirken säuerliche Biere ausgleichend,
- je schwerer die Süßspeise, umso leichter das begleitende Getränk,
- als Nachspeise „Dessertbiere" pur genießen.

Bier in der Küche

Beim Kochen spielt Bier eine eher untergeordnete Rolle. Das Problem ist meist, dass das fertige Produkt Bier verwendet wird. Die feinen Aromen verdampfen, und übrig bleibt der Bitterstoff. Das macht es nicht gerade attraktiv, damit zu kochen. Deshalb spielen bei speziellen Bierspeisen eher die Rohstoffe, die zum Bierbrauen verwendet werden, eine bedeutende Rolle. Durch deren Verwendung gelingt es, den Speisen ein richtiges Bieraroma zu verleihen und diese „bierig" zu parfümieren. Bei der Verwendung von fertigem Bier empfiehlt sich das erst gegen Ende des Garprozesses.
Biere, die nicht zu stark gehopft sind oder wenig Bitterstoffe von Röstmalz haben bzw. die vollmundig sind, eignen sich besser zum Kochen.

Einsatz von Bierrohstoffen beim Kochen

Die Rohstoffe werden ganz gezielt für bestimmte Speisen eingesetzt.

Hefe

Flüssige Hefe muss gewässert werden, da diese sehr bitter ist. Trockenhefe aus dem Laden ist meist relativ geschmacksneutral. Hefe wird eingesetzt, um ein fein-herbes Aroma zu erhalten. Zudem bringt sie verschiedene Geschmacknuancen mit. Interessant bei Suppen und Fischgerichten.

Hopfen

Die gepressten Hopfenpellets, wie sie in den meisten Brauereien verwendet werden, sind viel zu konzentriert. Am besten verwendet man Naturhopfen (in Form von Hopfentee im Reformhaus ganzjährig erhältlich), dieser ist leicht zu dosieren. Mit dem Hopfen bringt man eine sanft-bittere Note und „grüne" Aromen in die Speisen. Optimal in Kombination mit anderen Kräutern oder zitronigen Aromen.

Malz

Vorwiegend wird Gerstenmalz verwendet, aber auch Weizen- und Roggenmalz kommen zum Einsatz (in verschiedenen Röstungen). Dies bringt eine unglaubliche Aromenvielfalt und tolle Malznuancen mit sich. Malz wird, meist in geschroteter Form, in den Garprozess eingebunden. Zudem wird eine so genannte „Vorderwürze" gekocht – dieser „Jus" wird zum Aufgießen und Glacieren verwendet.

Weitere Zutaten beim Kochen mit Bier

Hanföl
Dieses leicht grünliche, nussig bis zart bitter schmeckende Öl harmonisiert gut mit den Bieraromen, insbesondere mit Hopfen. Der Geschmack des Öls untestützt die biereigenen Aromen und fügt sich gut in das Gemacksbild ein.

Bieressig
Sowohl zum Säuern von Salaten als auch für Saucen und Suppen.

Ysop
Wächst im Kräutergarten und hat ein intensives würziges Aroma, dieses harmoniert bestens mit verschiedenen Malzaromen.

Liebstöckl, Zitronenverbene, Zitronenmelisse
Diese Kräuter ergeben ein finessenreiches Zusammenspiel mit Hopfenaromen.

Koriandersamen (geröstet), Nelken, Piment, Anis
Diese Gewürze harmonieren mit eher kräftigen Bieraromen (Bockbiere).

Das Bockbier – flüssige Geschichte im Glas

Die Mythen, die sich um das Bockbier ranken, sind vielfältig. Und man kann trefflich darüber streiten, was beim Bockbier „richtig" und was „falsch" ist – oder man genießt es einfach in seiner Vielfalt, ob frisch oder auch erst nach Jahren.

Auch wenn Bockbier und Kitzfleisch gut harmonieren und viele Bockbieretiketten einen Ziegen- oder Steinbock zeigen, so hat das Bockbier seinen Namen nicht von den Paarhufern, sondern von dem Städtchen Einbeck. Schon 1351 wurde dort, in der Nähe von Hannover, ein kräftiges Bier gebraut, mit dem wegen seiner hervorragenden Qualität reger Handel bis nach Bayern betrieben wurde. Dort kamen auch die Herzöge und Fürsten auf den Geschmack. Statt sich das beliebte, aber teure Bier weiterhin aus dem Norden kommen zu lassen, nahmen sie einen Einbecker Braumeister in ihre Dienste. Das Bier „nach einpöckscher Brauart" wurde in München heimisch, und da die Münchner praktische Leute sind, blieb es nicht bei dem sperrigen Namen – es wurde zum „Bock". Doch nicht nur weltliche Braumeister verstanden sich auf die Kunst, ein starkes und wohlschmeckendes Bier zu brauen. Auch die Mönche in den Klöstern Süddeutschlands wussten, wie sie ihre täglichen Mahlzeiten durch „flüssige Nahrung" aufbessern konnten.

Das kam ihnen vor allem in der Fastenzeit zugute, wenn die ohnehin schon schmale Kost noch spärlicher wurde. Nach dem Grundsatz „liquidum non frangit ieiunium" („Flüssiges bricht das Fasten nicht") erlaubte die Kirche durchaus, stark eingebraute Biere als „flüssiges Brot" zu konsumieren. Die Bockbiere waren also ursprünglich gar keine Festtagsbiere, sondern eher für die kargen Tage davor gedacht.

Grundsätzlich spielten die Klöster bei der Fortentwicklung von Starkbier eine Sonderrolle. Die Mönche, gewöhnlich des Lesens und Schreibens kundig, waren in der Lage, die Kunst des Bierbrauens systematisch weiterzuentwickeln. Erfahrungen wurden gesammelt, Rezepturen schriftlich festgehalten und mit den Jahren laufend verbessert.

Zu Beginn des 17. Jahrhunderts – in Europa tobte der 30-jährige Krieg – brauten die Paulanermönche, die der bayerische Kurfürst Maximilian I. aus Italien nach München kommen ließ, ein starkes Fastenbier und nannten es zu Ehren ihres Ordensgründers, des hl. Franz von Paula, „Sankt-Vaters-Bier".

Die Herstellung von Starkbieren in den Klöstern bedurfte jedoch – so sagt es die Legende – einer gesonderten Genehmigung durch die kirchliche Obrigkeit und war „Chefsache". Um dem Papst einen Eindruck vom wohlschmeckenden klösterlichen Starkbier zu vermitteln und so die Erlaubnis zu erwirken, dieses für den Verzehr im Kloster herstellen zu dürfen, füllte man ein Fässchen ab und schickte es dem Heiligen Vater nach Rom. Beim Transport über die Alpen kräftig geschüttelt und unter italienischer Sonne immer wieder erwärmt, kam es Wochen später – unterdessen sauer geworden – beim Papst an. Der kostete vom viel gepriesenen Trunk und fand ihn gräulich, deshalb dem Seelenheil seiner Brüder nördlich der Alpen nicht weiter abträglich, und erteilte die gewünschte Braugenehmigung. Also braute man nahrhafte Fasten-Starkbiere ein. Das Bier schmeckte nicht nur den Mönchen, sondern auch den Münchnern: ein gutes Geschäft für das Kloster und seine Paulanerbrauerei. Diese wurde im Zuge der Säkularisation um 1800 enteignet und von Franz Xaver Zacherl gepachtet. Andere Brauereien fingen an, ebenfalls Starkbier zu brauen und verkauften dieses auch unter dem mit der Zeit verballhornten Namen „Salvator". Zacherl klagte, und ihm wurde das alleinige Recht zugesprochen, das Starkbier unter diesem Namen zu ver-

treiben, weil der Name „Salvator" kein Sortenname, sondern ein Eigenname sei. Die anderen Brauer mussten sich etwas einfallen lassen, und so entstanden viele andere Biernamen mit der Endung „-ator".

Die Tradition der Starkbiere erfreut sich auch außerhalb von Klostermauern während der Fastenzeit bis heute großer Beliebtheit. Vor gar nicht allzu langer Zeit meinten Experten, dass die Beliebtheit des Bockbiers ihrem Ende zuginge: Von Jahr zu Jahr wurde weniger von dem starken Bier getrunken, vor allem die Gastronomie bot es immer seltener an, weil sich die Gäste bei diesem starken Bier zurückhielten. Wer zwei Halbe vom Hellen verträgt, trinkt vom Bock sicherheitshalber nicht mehr als eine. Ein schlechtes Geschäft für den Gastwirt, Bockbier ist ja üblicherweise nicht doppelt so profitabel für ihn, also ist es vielfach von der Karte gestrichen worden. Die Brauereien haben versucht, dem entgegenzusteuern. So begann man um 1990, die Braurezepte für Bockbiere zu ändern, sie wurden durchwegs höher vergoren. Das hat sie zwar bezüglich des Alkoholgehalts nicht leichter gemacht, aber es wurde immerhin die „Drinkability" erhöht, viele Böcke schmeckten nun schlanker und vermeintlich leichter. Es hat nicht viel geholfen. Dann aber haben sich die Konsummuster geändert: Nach und nach haben Biergenießer entdeckt, dass man Bockbier ja nicht in großen Mengen hinunterstürzen muss, und sie haben nach belgischem und amerikanischem Vorbild zu experimentieren begonnen. Bockbier passt ja nicht nur zu Braten und Schweinsstelze, man entdeckte Kombinationen mit Käse oder gar mit Schokolade. Und zu Lamm, Kitz und Wildbret gehört der Bock ja schon dem Namen nach.

Wie stark ist Starkbier?

Es gibt zwar auch obergärige Weizenstarkbiere, doch die allermeisten Bock- und Doppelbockbiere werden untergärig aus Gerstenmalz gebraut. Die Bezeichnung Stark- oder Bockbier ist in Österreich gesetzlich geschützt. Unter der Bezeichnung „Bockbier" darf nur Starkbier in Verkehr gebracht werden. Bier mit der Bezeichnung Starkbier oder einer sonstigen Bezeichnung, die den Anschein erweckt, als ob das Bier besonders stark eingebraut sei, darf nur dann verkauft werden, wenn der Stammwürzegehalt des Bieres nicht unter der festgesetzten Grenze von 16 Prozent liegt. Unter „Stammwürze" versteht man dabei den Anteil an gelösten Stoffen im Biersud, bevor er vergoren wird, wie Eiweiße, Vitamine, Mineralien, Aromastoffe oder Malzzucker. Die 16 Prozent Stammwürze bedeuten also, dass in 1.000 Gramm Bierwürze vor dem Gären 160 Gramm Extrakt enthalten sein müssen. Der Extrakt entsteht durch die natürlichen Rohstoffe, die nach dem Reinheitsgebot von 1516 für das Brauen von Bier erlaubt sind: Hopfen, Wasser und Malz.

Bockbier braucht seine Zeit zum Reifen, und deshalb sollte man sich auch Zeit für den Genuss nehmen. Außerdem: Starkbier hat es durchaus in sich! Nach dem Gärungsprozess kommt Bockbier auf einen Alkoholgehalt von rund 7 Prozent. Das Doppelbock weist noch höhere Werte auf. Hier liegt die Stammwürze bei mindestens 18 Prozent und der Alkoholgehalt beträgt nach dem Gärungsprozess mehr als 7,5 Prozent.

Der Ausstoß von Starkbier

Die Bedeutung der Starkbiere, gemessen an ihrem Anteil am Gesamtausstoß, wird häufig überschätzt. Wurden 1999 in Österreich insgesamt 8,3 Millionen hl Bier hergestellt, so entfielen davon nur etwa 23.100 hl oder 0,3 % auf Starkbiere.

Den Starkbieren haftet wegen ihrer süffigen Süße und der – zumeist – dunklen Färbung das Image eines „Dickmachers" an. Zu Unrecht, denn selbst ein Doppelbock hat weniger Kalorien als Vollmilch! Das Starkbier ist eine Bierspezialität, die genossen, nicht gekippt werden will. Nicht umsonst gehören die Weihnachtsbock-, Fastenbock- oder Maibockproben bzw. Anstiche zu den herausragenden Ereignissen im Sudjahr vieler Brauereien.

Raimund Mann sen. & jun.
Rehrücken mit Kirschensauce
und Nussnudeln

Raimund Mann sen. & jun.
Rehrücken mit Kirschensauce
und Nussnudeln

Zutaten für 4 Personen

ca. 800 g Rehrücken (Filet)
Salz, Pfeffer
Öl
1/16 l Wildfond

Kirschensauce
ca. 200 ml eingelegte Kirschen
1/8 l Rotwein
2 EL Zucker
1 EL Stärkemehl

Nussnudeln
300 g Erdäpfel, gekocht
20 g flüssige Butter
3 Eidotter
etwas Stärkemehl
Salz
Butter zum Schwenken
gehackte Walnüsse zum Bestreuen

Zubereitung

Schritt 1
Rehrücken salzen und pfeffern, in der Pfanne in heißem Öl rundum anbraten, mit Wildfond aufgießen und im Backrohr bei 160 °C 10 Minuten fertig garen.

Schritt 2
Kirschen in Rotwein mit Zucker aufkochen und mit dem Stärkemehl binden.

Schritt 3
Erdäpfel schälen, durch eine Erdäpfelpresse drücken und salzen. Mit Butter, Eidottern, Stärkemehl und Salz zu einem geschmeidigen Teig verkneten. Den Teig auf einem bemehlten Brett zu fingerdicken Rollen formen und diese in 2 cm große Stücke schneiden. Diese Stücke in den bemehlten Handflächen wutzeln und in Salzwasser kochen. Die Nudeln in Butter schwenken und mit den Nüssen bestreuen.

Raimund Mann sen. & jun., Gastronom und Wildbrethändler aus Königsbrunn

„Einmal klappt es, einmal nicht ..."

Im Sommer bei einem Morgenansitz auf einen Rehbock kamen mir bei guten Lichtverhältnissen mehrere Jungfüchse. Worauf ich zu schießen begann. Bereits der erste Schuss ging daneben, danach verschoss ich das ganze Magazin, ohne einen Fuchs zu strecken. Nachdem ich keine Munition mehr hatte und die Jungfüchse noch immer über die Wiese tollten, fuhr ich nach Hause und holte Munition. Als ich wieder zum Hochsitz kam, hatten die Füchse wohl den Spaß verloren und waren abgezogen.

Ich machte mir Gedanken über meine negative Trefferquote und fuhr am darauf folgenden Wochenende zum Schießstand, um meine Gewehr neu einzuschießen, weil ich dachte, die Zieloptik wäre defekt. Da erlebte ich aber mein blaues Wunder: das Gewehr schoss genau auf Fleck.

Die Moral von der Geschicht: einmal klappt es, einmal nicht.

Wildschinken-Salat
mit frischen Erdbeeren

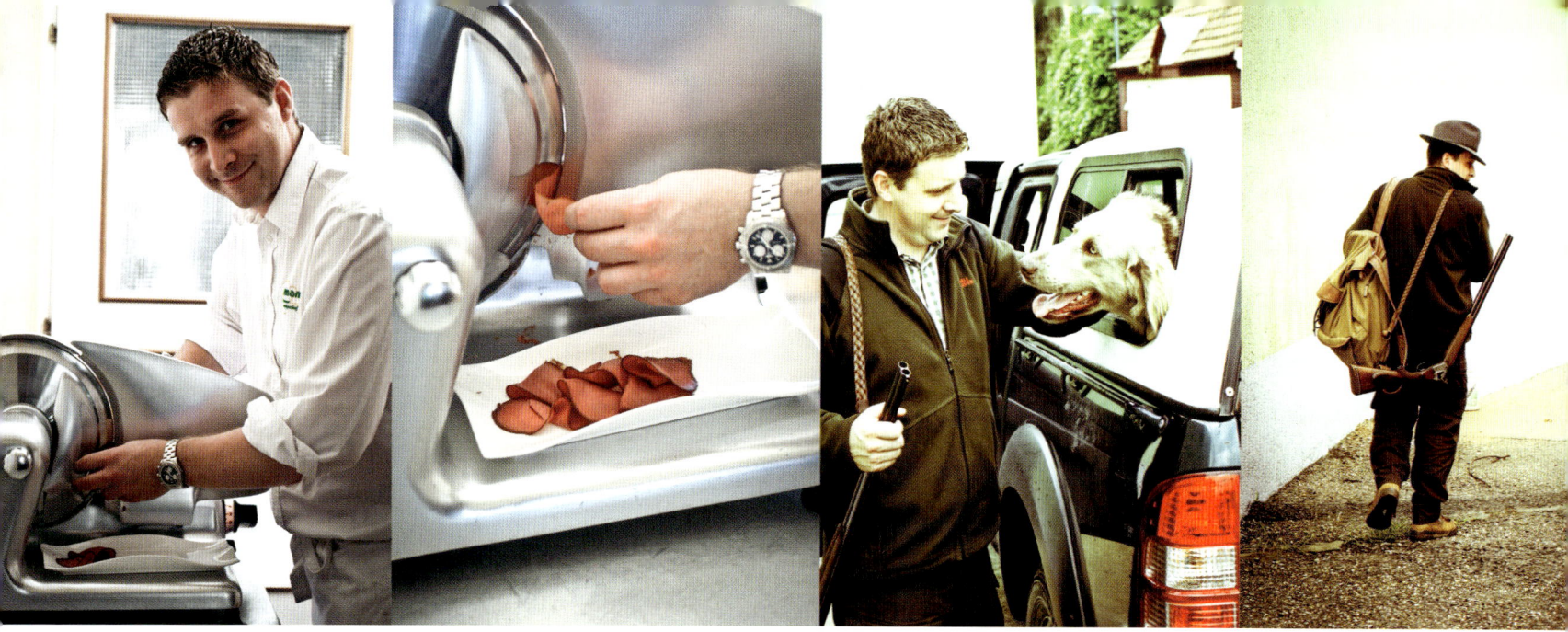

Raimund Mann sen. & jun.
Wildschinken-Salat
mit frischen Erdbeeren

Zutaten für 4 Personen

24 Blatt Wildschinken, hauchdünn geschnitten
200 g Rucola oder Vogerlsalat
12 frische, große Erdbeeren
1 Schuss Himbeer- oder Johannisbeer-Essig
1 Schuss natives Olivenöl
1 EL Blütenhonig
1 EL scharfer Senf
1 EL Joghurt
Salz Pfeffer

Zubereitung

Den Salat waschen und trocken schleudern und ganz locker auf einem Teller anrichten. Den Wildschinken schön auf dem Salat drapieren.
Für die Marinade Essig, Olivenöl, Honig, Senf und Joghurt gut verquirlen. Mit Salz und Pfeffer abschmecken und den Salat damit marinieren. 10 Minuten ziehen lassen, erst dann entwickelt sich das Aroma.

Tipp
Man kann den Salat noch verfeinern, indem man ihn mit Parmesanspänen und gehackten Pistazien- und Pinienkernen bestreut.

Alexander Schönburg-Hartenstein
Rehleber
mit karamellisierten Birnen

Alexander Schönburg-Hartenstein
Rehleber
mit karamellisierten Birnen

Zutaten für 4 Personen

400 g Schalotten
3 EL Butter
16 Salbeiblättchen
Salz und Pfeffer
2 mittelgroße Birnen
1 EL Staubzucker
1 EL rosa Pfefferkörner
1 Rehleber
Mehl zum Wenden
1 EL Butterschmalz

Zubereitung

Schritt 1
Die Schalotten schälen, in Ringe schneiden und in 1 EL Butter glasig dünsten. In der Zwischenzeit 12 Salbeiblätter in feine Streifen schneiden, zu den Schalotten geben und mit Salz und Pfeffer würzen.

Schritt 2
Die Birnen entkernen und in Spalten schneiden. Die restliche Butter in eine Pfanne geben und den Staubzucker karamellisieren. Birnenspalten goldbraun dünsten. Mit rosa Pfefferkörnern bestreuen.

Schritt 3
Die Leber in 2,5 cm dicke Scheiben schneiden, mit Pfeffer würzen und in Mehl wenden. Butterschmalz erhitzen, die Leber von jeder Seite 1 Minute anbraten, mit Salz würzen und bei mittlerer Temperatur von jeder Seite 3–4 Minuten fertig braten. Gedünstete Schalotten zur Leber geben, erwärmen und mit Birnenspalten und Salbeistreifen anrichten.

Tipp
Wer es gerne herzhafter mag, kann noch kleine Speckwürfel darüberstreuen.

Alexander Schönburg-Hartenstein, geschäftsführender Gesellschafter der HALALI & CO. GmbH, www.halalico.com

Rehschnitzel
mit Weintrauben

Zutaten für 4 Personen

4 Rehschnitzel (aus dem Schlögel)
1 EL Öl
1 EL Sojasauce
Oregano
Salz und Pfeffer
1 EL Knoblauchgranulat
1 EL Butter
100 ml Rotwein
500 g Weintrauben
100 ml Holundersirup
½ Becher Obers

Zubereitung

Schritt 1
Aus dem Rehschlögel 1 1/2 cm dicke Schnitzel schneiden, diese mit Öl, Sojasauce, Oregano, Salz, Pfeffer und Knoblauch für ein paar Stunden marinieren. Schnitzel aus der Marinade nehmen, gut abtropfen lassen und in heißer Butter jede Seite etwa 2 Minuten pro Seite anbraten, danach die Schnitzel in Alufolie einpacken und gut verschließen, damit der Saft nicht ausrinnt.

Schritt 2
Den Bratenrückstand in der Pfanne mit Rotwein ablöschen. Weintrauben halbieren, entkernen und zum Bratensaft dazugeben. Holundersirup, Obers, Knoblauch und Salz nach Geschmack hinzufügen. Diese Sauce kurz aufkochen lassen und mit einem Schneebesen gut umrühren.

Schritt 3
Die Rehschnitzel aus der Alufolie auspacken, auf Tellern anrichten und mit dem Bratensaft servieren.

Gemeinsame Erlebnisse sind die schönsten!

Das Schöne an der Jagd sind – neben der beschaulichen Ruhe am Hochstand und auch der aufregenden Hektik bei Drückjagden – die langjährigen Traditionen und das gemütliche Zusammensein mit Freunden und Familie.
Zuerst mit dem Großvater und Vater als kleines Kind auf der Jagd, dann der erste eigene Treffer und das erste eigene Gewehr, bis hin zu großen Jagden mit Freunden im fernen Ausland. Das wichtigste an allen Jagdgeschichten ist, dass Freunde und Familie immer dabei sind und man die vielen Jagdtraditionen zusammen erleben kann.
Zum Beispiel, wenn man mit Vater und Schwester an einem schönen Samstagvormittag im August auf die Rehbockpirsch geht und zu Mittag frische Rehleber zubereitet wird.
Danach wird das Reh fertig zerwirkt, und ein paar Tage später gibt es herrliches Rehschnitzerl – fantastisch! Besser als aus dem Bioladen!

Franz und Stephan Mayer-Heinisch
Frischlingsschlögel
mit pochierten Birnen und Schupfnudeln

Franz und Stephan Mayer-Heinisch
Frischlingsschlögel
mit pochierten Birnen und Schupfnudeln

Zutaten für 4-5 Personen

ca. 1 kg Frischlingsschlögel, entbeint
Salz und Pfeffer
1 Orange (unbehandelt)
5 Wacholderbeeren
1 Schuss Gin
1 Schuss Obers

Rotweinmarinade
½ l Rotwein
250 ml Gemüsefond
100 ml Essig
1 Karotte, geschält und würfelig geschnitten
1 Zwiebel, geschält und fein geschnitten
1/4 Sellerieknolle, geschält und würfelig geschnitten
etwas Petersilie
1 Lorbeerblatt
etwas Salz und Pfeffer
5 Wacholderbeeren
1 Spritzer Zitronensaft
1/8 l Obers

Pochierte Birnen
1 Birnen
50 ml Wasser
etwas Zitronensaft
etwas Zimt
1 EL Zucker
4 TL Preiselbeeren

Schupfnudeln
1 kg mehlig kochende Erdäpfel
2 Eier
400 g Mehl
1 TL Salz
etwas Muskat (für die süße Variante weglassen)
Mehl für die Arbeitsfläche
Butter zum Anbraten

Karottensauce
150 g Karotten
1/8 l Gemüsesuppe
1 kleiner mürber Apfel
2 EL Obers
Salz und Zucker

Zubereitung

Schritt 1
Zunächst die Zutaten für die Rotweinmarinade in einer großen Schüssel, in der der Frischlingsschlögel Platz hat, vermischen. Den Schlögel über Nacht in dieser Marinade einlegen. Danach das Fleisch herausnehmen und mit Salz und Pfeffer einreiben. Von der Marinade das Gemüse abschöpfen.

Schritt 2
Den Schlögel in einer Pfanne auf allen Seiten gut anbraten und danach in einen Römertopf geben. In der Pfanne im Bratenrückstand das Gemüse aus der Marinade kurz anbraten, Orangenscheiben und Wacholderbeeren hinzufügen und mit Gin ablöschen. 1/3 der Marinade ebenfalls einrühren und diese Sauce über das Fleisch gießen. Das Ganze zugedeckt bei 180 °C im Backrohr ca. 3 Stunden garen, dabei hin und wieder das Fleisch mit der Bratensauce übergießen, um es vor dem Austrocknen zu schützen.
Das Fleisch herausnehmen und warm halten. Die restliche Marinade in die Bratensauce rühren und ein bisschen einreduzieren lassen, mit Salz, Pfeffer und ein bisschen Obers abschmecken.

Stephan Mayer-Heinisch, Berater, und Franz Mayer-Heinisch, Restaurantbetreiber (in spe)

Schritt 3
Die Birnen schälen, halbieren und das Kerngehäuse entfernen. Birnenhälften in 50 ml Wasser mit Zitronensaft, einem Hauch Zimt und dem Zucker bei niedriger Temperatur im Topf weich dünsten. Vor dem Servieren mit Preiselbeeren füllen.

Zubereitung Schupfnudeln

Schritt 1
Erdäpfel gar kochen, abseihen, schälen und durch die Erdäpfelpresse drücken, auf der Arbeitsfläche ausbreiten und abkühlen lassen. Mit Eiern, Mehl und den Gewürzen zu einem glatten Teig verarbeiten.

Schritt 2
Auf einer gut bemehlten Arbeitsfläche mit bemehlten Händen fingerlange, an den Enden spitz zulaufende Nudeln formen und diese ca. 2–3 Stunden trocknen lassen.

Schritt 3
In 2–3 Partien die Schupfnudeln in kochendes Salzwasser geben und so lange kochen, bis sie an der Oberfläche schwimmen. Mit dem Schaumlöffel herausheben, in kaltem Wasser abschrecken und gut abtropfen lassen. Die benötigten Portionen in zerlassener Butter von allen Seiten leicht anbraten. Die restlichen Schupfnudeln kann man in Portionen einfrieren.

Variante mit Karottensauce
Die Karotten waschen, putzen, klein schneiden und in der Gemüsesuppe weich kochen. Vom Apfel Kerngehäuse entfernen, schälen und klein schneiden, zu den Karotten geben und ebenfalls weich kochen. Alles mit dem Pürierstab pürieren, mit Obers, Salz und Zucker abschmecken.

Variante herzhaft
Mit Sauerkraut und Kochschinken (in kleine Würfel geschnitten) anrichten.

Variante süß
Schupfnudeln mit Zimtzucker und Apfelkompott.

Vater-Söhne-Jagd

Normalerweise ist das Jagen familienfeindlich. Jedes Wochenende wimmelt es in der Stadt von „grünen Witwen". Jedoch macht es riesigen Spaß, mit drei Buben gemeinsam auf die Jagd zu gehen. Zusammen Zeit zu verbringen, ist „quality time". Still am Hochsitz auf ein Wildschwein zu warten, nass nach Hause zu wandern, verzweifelt nach einem vermeintlich getroffenen Reh zu suchen, gemeinsam Glück und Pech zu erleben – was gibt es Schöneres?

Ein ganz besonderes Erlebnis war es, als mein Sohn Franz und ich in der Obersteiermark innerhalb von fünf Minuten zwei alte Brunfthirsche erlegten.

Stolz ist man als Vater auch, wenn man dann erlebt, wie die Buben allmählich alles besser und geschickter als der Vater anstellen: den wirklich hohen Fasan zu treffen oder die unerreichbare Gams zu erlegen.

Und dann fängt auch noch ein Sohn an zu kochen. Dem Vater bleibt nur übrig, die Patronen zu zahlen und den Wein zu öffnen.

Peter Wolff
Pikante Wildschweinleber
mit Petersilerdäpfeln

Peter Wolff
Pikante Wildschweinleber
mit Petersilerdäpfeln

Hatte der Schütze ein Weidmannsheil, dann gebührt ihm in jedem Fall die Leber des Wildschweins. Beim Aufbrechen und Aufschärfen des Stückes darauf achten, dass Gallenblase und Gallenleiter nicht verletzt werden. Die Leber entnehmen, und dann kann's losgehen.

Zutaten für 4 Personen

4 Stück Wildschweinleber (Leber eines Überläufers oder auch eines groben Stückes)
gleiche Menge Zwiebeln wie Leber
2 EL Sonnenblumenöl
2–3 EL Paprikapulver
2 Wacholderbeeren
Pfeffer
je 1 Prise Oregano und Majoran
ev. ganz wenig Knoblauch
2 Scheiben Speck, würfelig geschnitten
2 Schöpfer Suppe (Rindsuppe, Gemüsesuppe oder Bratensaft)
4 EL Rotwein
Salz

Zubereitung

Schritt 1
Leber in fingerdicke Streifen schneiden, die Zwiebeln fein schneiden. Sonnenblumenöl mit 2 EL Paprikapulver und einigen Wacholderbeeren in einem Kochtopf erhitzen, mit Pfeffer, Oregano und Majoran würzen (wer möchte, fügt ganz wenig Knoblauch hinzu). Die Speckwürfel und die Zwiebeln dazugeben und leicht anschwitzen lassen. Mit ca. 2 Schöpfern Suppe (oder mit Bratensaft) aufgießen. Umrühren, damit nichts anbrennt.

Schritt 2
Leber in das leicht köchelnde Safterl geben. Mit einem Schluckerl Rotwein verfeinern. Maximal 5 Minuten schmoren lassen, etwas salzen und abschmecken.

Tipp
Das gulaschartige Gericht kann mit jeder beliebigen Beilage oder auch mit Brot kombiniert werden. Peter Wolff bevorzugt dazu Petersilerdäpfel und Schwarzbrot.

Wildschweinsulz
mit Blattsalaten und Vinaigrette

Zutaten für 6 Personen

1,5 kg Kalbsfußknochen, vom Schlachter zersägen lassen
3 Zwiebeln
1 kg Suppengrün (Karotten, Petersilienwurzeln, Knollensellerie und Lauch)
1 kg Wildschweinschulter mit Knochen
3 Lorbeerblätter
2 Rosmarinzweige
3 Thymianzweige
4 Wacholderbeeren
1 TL weiße Pfefferkörner
7 EL Rotweinessig
Salz und Pfeffer

120 g verschiedene Blattsalate (Frisee, Eichblatt, Lollo bianco)
3 EL Traubenkernöl
100 g Ricotta, ungesalzen

Zubereitung

Schritt 1
Die Kalbsfußknochen in kaltem Wasser aufsetzen, einmal aufkochen und in einem Sieb abtropfen lassen. Die Zwiebeln quer durchschneiden, mit der Schnittfläche nach unten in eine Pfanne ohne Fett legen und bei starker Hitze kräftig bräunen. Karotten, Petersilienwurzeln und Sellerie schälen. Karotten und Petersilienwurzeln ganz lassen, den Sellerie in 1 cm dicke Scheiben schneiden. Den Lauch putzen und halbieren.

Schritt 2
Die Wildschweinschulter mit Kalbsfußknochen, Gemüse, Lorbeer, Rosmarin, Thymian, Wacholder und Pfefferkörnern in einen großen Topf geben, mit kaltem Wasser bedecken und aufkochen lassen. Bei mittlerer Hitze 2 1/2 Stunden offen garen. Erst abschäumen, wenn sich eine dicke Schaumschicht gebildet hat und kein neuer Schaum mehr aufsteigt. Karotten, Petersilienwurzel, Sellerie und Lauch nach 30 Minuten Garzeit herausnehmen und abkühlen lassen. Die Wildschweinschulter nach 2 1/2 Stunden Garzeit herausnehmen.

Schritt 3
Ein Spitzsieb mit einem feuchten Mulltuch auslegen, den Fond durch das Sieb in einen anderen Topf gießen und auf 3/4 l einkochen. Danach gut entfetten und mit 5 EL Rotweinessig, Salz und Pfeffer würzen. 4 EL Fond für die Vinaigrette beiseite stellen, dann den Fond abkühlen lassen.

Schritt 4
Den Lauch in 1 cm breite Ringe, das restliche Gemüse in 2 cm große Würfel schneiden. Das Wildschweinfleisch vom Knochen lösen, das mittlere Stück in dünne Scheiben, das restliche Fleisch in 2 cm große Würfel schneiden. Fleisch und Gemüse in 6 tiefen Tellern verteilen und mit dem Fond bedecken. Abdecken und mindestens 6 Stunden, besser über Nacht, kalt stellen.

Schritt 4
Kurz vorm Servieren die Salate waschen, putzen, trocken schleudern und in mundgerechte Stücke zupfen. Aus dem restlichen Rotweinessig und dem beiseite gegebenen Fond, Salz, Pfeffer und Traubenkernöl eine Vinaigrette rühren. Die Salate auf der Sulz anrichten. Den Ricotta glatt rühren, mit einem feuchten Teelöffel 6 Nocken abstechen und auf der Sulz verteilen. Salat und Sulz mit der Vinaigrette beträufeln und servieren.

„Na, dann halt wie der Weihnachtsmann"

Es war kurz vor Weihnachten im Revier Schlezer Wald in Niederösterreich – ein Waldrevier mit Reh- und Niederwild. 40 Jäger wurden angestellt für einen Sauriegler, und ca. 10 Treiber mit Hunden machten das im Gebrech eingeschobene Schwarzwild hoch.

Mein Platz war an einem Wechsel, ringsum stark verwachsen. Nach der ersten Stunde: kein Anblick, kein Anlauf. Ich unterhielt mich bereits mit meinem benachbarten Vorsteher, als endlich die Treiber und die Hunde in unmittelbarer Nähe zu vernehmen waren – der Trieb war bald zu Ende.

Plötzlich ein lautes Rascheln und Brechen von Ästen direkt vor mir, das Gebüsch wackelte, ein Hirsch wurde hoch, warf sein Haupt mit einem 12-endigen Geweih nach hinten und flüchtete direkt in meine Richtung. Ich erkannte, dass der Hirsch nicht vernahm, er war auf direktem Kollisionskurs mit mir – es gab keine Ausweichmöglichkeit.

Mir blieb nichts anderes übrig, als mit gebrochener Flinte mit beiden Händen über dem Kopf hochzuhüpfen und ein kräftiges „Ho, Ho, Ho" von mir zu geben – wie der Weihnachtsmann! Den Geruch des Brunftflecks und meinen hochschnellenden Adrenalinspiegel, als der König der Waldtiere nur wenige Zentimeter neben mir durchbrach, habe ich noch heute in Erinnerung!

Peter Wolff, Eigentümer des Heurigen Wolff in Neustift am Walde, Wien

„Frischling attackiert routinierten Jäger"

Bei einem hochsommerlichen Sauriegler in meinem Revier in Wien-Grinzing entdeckten zwei treibende Schützen eine kleine Rotte Sauen, die, eingeschoben ins Gebrech, sich übergehen lassen wollten. Die beiden legten mit der Büchse auf die Rotte an und positionierten einen dritten Schützen, der außerhalb der Sicht seitlich beim Gebüsch stand. Die zwei Schützen gaben auf Kommando „drei-zwei-eins" gleichzeitig die Schüsse ab. Ca. 20 Stück Schwarzwild wurden hoch und flüchteten in Richtung des dritten Schützen. Es brachen zwei weitere Schüsse, dann ertönten menschliche Schreie, schweinisches Quicken, jagdliches Fluchen, ein Knacken der Äste, die Büsche wackelten.

Was war passiert? Der dritte Schütze hatte einen Frischling angeschossenen, worauf dieser das Bein des Schützen attackierte und sich in den Gummistiefel verbiss. Nachladen und einen weiteren Schuss abzugeben, war nicht mehr möglich und viel zu gefährlich, da die Kräfte der kleinen Wildsau unglaublich groß waren. Mit einem Ast gelang es dem Jäger, den Biss des kleinen Frischlings zu lösen und mit demselben zu einem „Fanghieb" auszuholen. Sau tot!

Dominik Wiedersperg
Wendt-Dieter Gemmingen
Jan Spies

Wildschweinroulade
mit Feigen-Walnuss-Ricotta-Fülle
und Erdäpfel-Eierschwammerl-Strudel in Wodkasauce

Dominik Wiedersperg, Wendt-Dieter Gemmingen und Jan Spies

Wildschweinroulade

mit Feigen-Walnuss-Ricotta-Fülle
und Erdäpfel-Eierschwammerl-Strudel in Wodkasauce

Zutaten für 4 Personen

4 Wildschweinschnitzel à 160 g
etwas Salz und Pfeffer
3 Hand voll Walnüsse, gehackt
400 g Ricotta
250 g getrocknete Feigen, gehackt
10 Zahnstocher
1/2 Bund Suppengrün
1 kleine Zwiebel
2 EL Öl zum Anbraten
1/4 l Wildfond oder Bratensaft
1/16 l Rotwein
1 Lorbeerblatt
einige Wacholderbeeren
etwas Piment
1 TL Salbei, getrocknet oder frisch gehackt
1 großes Stamperl Wodka

Strudel
100 g Eierschwammerln
1 TL Teebutter
1/2 halbe Zwiebel, fein gehackt
1/2 Knoblauchzehe
150 g Erdäpfel, gekocht, geschält und fein gewürfelt
1 EL Petersilie, fein gehackt
1 Msp. Majoran, fein gehackt
3 Eier
Salz und Pfeffer
4 Strudelteigblätter

Zubereitung Wildschweinroulade

Schritt 1
Wildschweinschnitzel leicht klopfen und mit Salz und Pfeffer würzen. Walnüsse, Ricotta und Feigen zu einer Füllung vermischen und mit Salz und Pfeffer abschmecken. Füllung auf die Schnitzel streichen, Schnitzel zusammenrollen und mit Zahnstochern verschließen.

Schritt 2
Suppengrün und Zwiebel in grobe Würfel schneiden. Rouladen in heißem Öl auf allen Seiten anbraten. Suppengrün und Zwiebel mitrösten, mit Wildfond oder Bratensaft und Rotwein auffüllen, Gewürze beifügen. Rouladen ca. 10 Minuten dünsten lassen, herausnehmen und warm stellen.
Die Sauce passieren, einkochen lassen und mit Wodka verfeinern.

Schritt 3
Rouladen wieder in die Sauce geben und bei geringer Hitze einige Minuten köcheln lassen.

Zubereitung Erdäpfel-Eierschwammerlstrudel

Schritt 1
Eierschwammerln putzen, klein schneiden, Zwiebel in heißer Butter braun rösten, Eierschwammerln kurz mitrösten, eine halbe Knoblauchzehe zerdrücken und kurz mitrösten, mit den Erdäpfelwürfeln, den Kräutern und 2 Eiern vermengen, würzen.

Schritt 2
Strudelteigblätter auslegen, die ausgekühlte Schwammerlmasse 2 Finger hoch darauf verteilen, Strudel einrollen und mit einem verquirlten Ei bestreichen.
Strudel auf ein befettetes Blech legen und bei 180 °C im vorgeheizten Backrohr 12–15 Minuten goldgelb backen.

Die Wildrouladen mit der Wodkasauce und dem Strudel anrichten und servieren.

Dominik, Wendt-Dieter und Jan, Jagdkamaraden

Weidmannsheil in letzter Minute

Mir ist das große Glück beschieden, bei sehr guten Freunden im Waldviertel jedes Jahr zur Riegeljagd eingeladen zu werden. Es war Mitte November, die Laubbäume hatten schon verfärbt und verloren allmählich ihre farbenfrohe Blätterpracht, als ich meinen Drückjagdstand an einer alten Forststraße einnahm. Rechts von mir, hangaufwärts, war ein Bestand junger Erlen dicht an dicht und links ging es recht steil einen mittelalten Fichtenbestand abwärts. Ich richtete mich ein, und nach einer Viertelstunde hörte ich hangaufwärts plötzlich eine Rotte Sauen, konnte sie aber noch nicht sehen. Die Rotte wollte bei mir über den alten Forstweg wechseln, das konnte ich hören, also machte ich mich bereit. Und tatsächlich stand kurz darauf die Leitbache 80 Meter entfernt auf dem Weg. Doch zu meinem Leidwesen huschte links und rechts von ihr die restliche Rotte vorbei, und ich konnte keinen sicheren Schuss abgeben, ohne Gefahr zu laufen, die Bache anzuflicken. So hatte ich zwar einen tollen Anblick, kam aber nicht zum Schuss. Die Jagd näherte sich dem Ende, ohne dass ich außer Treibern noch etwas in Anblick bekam. Doch etwa 10 Minuten vor Jagdende hörte ich plötzlich etwas durch den Erlenbestand anwechseln. Ich verhielt mich ganz ruhig, ging in jagdlichen Voranschlag und wartete. Da tauchte ein Hirsch zwischen den schmalen Stämmen der Erlen auf. Durch mein Zielfernrohr sprach ich ihn als Achtender an. Der passt, dachte ich mir, doch konnte ich leider keinen sicheren Schuss durch den „Urwald" der jungen Erlen antragen, da sie sehr eng standen und das Blatt des Hirsches nie frei lag. Ich hoffte, der Hirsch würde demnächst in meine Richtung abbiegen und über den Forstweg ziehen. Und das tat er dann auch zu meiner großen Freude. Gemächlich zog er etwa 40 Meter entfernt Richtung Weg. Ich machte mich fertig, mein Herz schlug mir bis zum Hals, ich musste mich beruhigen! Ich atmete tief durch, wartete, bis der Hirsch wieder sichtbar wurde. Doch er tat mir nicht den rechten Gefallen, auf dem Weg zu verhoffen, sondern äugte nur aus dem Erlenbestand, so dass nur sein Haupt und sein Träger, aber nicht sein Blatt sichtbar waren. Ich fürchtete, er würde mit ein, zwei Sätzen über den Weg springen, also setzte ich zu einem Trägerschuss an. Ich bin kein Freund von riskanten Schüssen, aber auf 40 Meter mit meiner zuverlässigen Waffe wollte ich es riskieren. Also zielte ich sorgfältig und schoss, der Hirsch lag im Feuer, zum Glück – wie sich nur Sekunden zeigte. Denn als ich schnell repetieren wollte, brach mir, was mir noch nie passiert war und hoffentlich nie wieder passieren wird, der Hülsenboden meiner Patrone ab, und der Rest der Hülse blieb in der Kammer stecken. Somit hatte ich keine Möglichkeit mehr, eine neue Patrone nachzuladen.

Aber so spielt das Jägerleben nun mal, erst kommt man bei einer Rotte nicht zum Schuss, und dann kommt einem 5 Minuten vor Jagdende ein Hirsch, der sofort liegt.

Nach getaner roten Arbeit freuten sich der Jagdherr und meine Jagdkameraden mit mir über den glücklichen Ausgang. Dem Wild wurde, wie es Brauchtum ist, die letzte Ehre erwiesen, und wir saßen noch bis spät in die Nacht zusammen.

Dominik Wiedersperg

Dominik Wiedersperg, Wendt-Dieter Gemmingen und Jan Spies
Wildkipferln

Zutaten für ca. 15 Kipferln

1 P. frischer Blätterteig (270 g)
200 g geräucherter Wildschweinspeck
1–2 Essiggurkerln
125 g Crème fraîche mit Kräutern
1 Ei zum Bestreichen

Zubereitung

Schritt 1
Blätterteig 10 Minuten vor dem Verarbeiten aus dem Kühlschrank nehmen und den Backofen auf 220 °C Ober-/Unterhitze vorheizen.

Schritt 2
Teig mit dem mitgerollten Backpapier auf einem Backblech entrollen, der Länge nach mittig durchschneiden. Aus jedem Teigstreifen 7 Dreiecke (Seitenfläche 10 cm) schneiden.

Schritt 3
Wildschweinspeck und Essiggurkerln feinwürfelig schneiden, mit Crème fraîche verrühren und die Masse mit einem Kaffeelöffel mittig auf den Teigdreiecken portionieren. Den Rand mit verquirltem Ei bestreichen.
Teigdreiecke einrollen und Kipferln formen. Diese auf ein mit Backpapier ausgelegtes Blech setzen und mit verquirltem Ei bestreichen.

Schritt 4
Kipferln im vorgeheizten Backrohr auf mittlerer Schiene bei 220 °C ca. 12–15 Minuten goldbraun backen.

Weidkameraden

Alfons Mensdorff-Pouilly
Saftige Stücke vom Wildschwein
mit Pilzsauce, Bandnudeln und Brokkoli

Alfons Mensdorff-Pouilly
Saftige Stücke vom Wildschwein
mit Pilzsauce, Bandnudeln und Brokkoli

Zutaten für 4 Personen

1 kg Wildschweinlungenbraten (Filet) vom Wildschwein, möglichst von einem jungen Tier
grobes Meersalz und bunter Pfeffer aus der Mühle
Olivenöl

Sauce
½ Zwiebel
1 EL Butter
etwas Mehl zum Binden
1 Becher Sauerrahm
Öl zum Anbraten
500 g Pilze (frische Waldpilze)
1 Schuss Rotweinessig
1 Schuss Sojasauce
etwas Zucker
Petersilie

250 g Bandnudeln
1 Brokkolirose
Salz und Pfeffer

4 TL Preiselbeeren (Wildpreiselbeeren aus dem Glas)
Schnittlauch, Petersilie und bunter Pfeffer aus der Mühle zum Garnieren

Das Wildschweinfleisch abliegen lassen, je länger desto besser, ein paar Tage im Kühlschrank können es ruhig sein – die Schale wirft dann kleine Bläschen, die durch die Milchsäure entstehen, was das Fleisch noch mürber und besser macht!

Zubereitung

Schritt 1
Fleisch gut salzen und pfeffern (keine anderen Wildgewürze, da die junge Sau einen sehr feinen Geschmack hat) und bis zur Zubereitung des Fleischs noch einmal in den Kühlschrank legen.

Schritt 2
Die Zwiebel klein hacken und in den Topf mit der zerlassenen Butter geben. Sobald sie leicht braun wird, so viel Mehl darüberstauben, bis die Butter aufgesogen ist. Dann mit etwas heißem Wasser aufgießen und den Sauerrahm mit einem Schneebesen einrühren. Aufkochen lassen, dann die Temperatur zurückschalten.
In der Zwischenzeit in einer anderen Pfanne etwas Öl erhitzen und die geputzten, wenn nötig klein geschnittenen Pilze ein bisschen anbrutzeln lassen. Danach gleich aus der Pfanne nehmen und zur Zwiebel-Sauerrahm-Sauce dazugeben, salzen und pfeffern, noch einmal aufkochen lassen, Rotweinessig und Sojasauce dazugeben. Zuletzt das Ganze mit etwas Zucker abrunden und auf kleiner Flamme ziehen lassen. Die fein gehackte Petersilie erst kurz vor dem Servieren einstreuen.

Schritt 3
Das Fleisch aus dem Kühlschrank nehmen und in einer Pfanne mit etwas Olivenöl auf beiden Seiten scharf anbrutzeln, dann in Alufolie einpacken und im auf 150 °C vorgeheizten Backrohr ca. 15 Minuten nachziehen lassen.

Alfons Mensdorff-Pouilly, Eigentümer MPA Handelsgesellschaft und Forstwirt

Der doppelseitige Kronenhirsch

Diese nette Geschichte hat mein Vater gerne erzählt. Er war einmal bei einer Riegeljagd eingeladen, bei der der Jagdherr alle Hirsche freigegeben hatte, außer doppelseitige Kronenhirsche über 10 kg.

Nach dem ersten Trieb, bei dem nur ein Schuss fiel, erwartete er alle seine Gäste mit der Frage: „Hast du geschossen?" Der erste Jagdgast antwortete: „Nein." Der nächste Jagdgast hatte auch nicht geschossen, und so fragte er sich durch, bis er zu seinem Vetter kam. Auch ihn fragte er: „Hast du denn geschossen?" Er antwortete: „Ich hatte einen Anblick, so etwas habe ich überhaupt noch nicht erlebt!" Der Jagdherr fragte erneut: „Und, hast du geschossen?".

Der Vetter antwortete: „Ich sage dir, da war ein doppelseitiger Kronenhirsch auf der Allee gestanden, sowas habe ich in meinen 40 Jahren als Jäger nie gesehen!" Der Jagdherr fragte nochmal nach: „Und hast Du geschossen?" Der Vetter: „Mein lieber Vetter, so einen kapitalen Hirsch habe ich bei dir noch nie gesehen, der hatte mindestens 11/12 kg und stand ganz nah!" Darauf der Jagdherr: „Na, dann hättest doch geschossen!" – Der Vetter: „Na, hab ich eh!"

Schritt 4

Die Nudel in Salzwasser bissfest kochen. Brokkoli waschen, in Röschen zerteilen und in einem Topf Salzwasser zum Kochen bringen, einen Dämpfeinsatz in den Topf geben und die Brokkoliröschen darauflegen, etwa 10 Minuten dünsten (der Brokkoli sollte nicht zu weich sein, sonst zerfällt er). Nach Belieben mit Salz und Pfeffer abschmecken.

Schritt 5

Fleisch aus dem Ofen nehmen, aus der Folie auspacken und in ca. 2 cm dicke Scheiben schneiden (den ausgetretenen Saft einfach nach dem Anrichten wieder über das Fleisch gießen).
Mit der Pilzsauce und den Nudeln servieren, mit fein geschnittenem Schnittlauch und Petersilie sowie buntem Pfeffer garnieren.

Bernhard und Hans-Georg Kinsky
Wildschweinschnitzel in Kürbiskernpanade
mit Erdäpfelsalat

Bernhard und Hans-Georg Kinsky
Wildschweinschnitzel in Kürbiskernpanade

mit Erdäpfelsalat

Zutaten für 4 Personen

Für die Schnitzel
4 Stück Wildschweinschnitzerl
(à 150 g)
2 Eier
Salz
80 g Kürbiskerne
80 g Vollkornbrösel
ca. 100 g Mehl
Öl zum Ausbacken

Erdäpfelsalat
600 g festkochende Erdäpfel
60 g Zwiebeln
1/4 l Rindsuppe
3 EL Essig
6 EL Pflanzenöl (z. B. Sonnenblumenöl, Maiskeimöl ...)
Salz und Pfeffer
1/2 TL Estragonsenf
1 Prise Zucker
1 Bund Schnittlauch

Zubereitung

Schritt 1
Zunächst für den Erdäpfelsalat die Erdäpfel mit der Schale kochen, in der Zwischenzeit die Zwiebeln fein schneiden. Erdäpfel abseihen, schälen, noch warm dünnblättrig in eine große Schüssel schneiden, Zwiebeln dazugeben.

Schritt 2
Die Rindsuppe erwärmen und sofort zu den Erdäpfeln geben. Essig, Öl, Salz und Pfeffer beifügen, mit Senf und Zucker nach Geschmack würzen. Den Salat so lange verrühren, bis er eine sämige Bindung bekommt. Erst beim Anrichten mit Schnittlauchröllchen bestreuen.

Schritt 3
Die Schnitzel ausnahmsweise nicht klopfen, denn so sind sie in der Mitte nach dem Braten noch schön rosa.
Die Eier mit einer Prise Salz verschlagen, die fein gehackten Kürbiskerne mit den Bröseln vermischen.
Die Schnitzel in Mehl wenden, dann durch die Eier ziehen, abtropfen lassen und zum Schluss sanft im Kürbiskern-Brösel-Gemisch wälzen.

Schritt 4
Die Panier nicht zu fest andrücken, sonst wird sie beim Frittieren fest und kann nicht locker aufgehen.
Die Schnitzel in heißem Öl ausbacken, zum Abtropfen auf Küchenkrepp legen, danach mit dem Erdäpfelsalat anrichten.

Jungjäger haben's schwer

Nachdem wir erst verhältnismäßig spät die Jagdprüfung abgelegt hatten, waren wir schon etwas „ältere" Jungjäger. Auf der allerersten Jagd, einem Riegler bei unserem Onkel in Niederösterreich, durften wir also unser Können und Erlerntes unter Beweis stellen. Bernhard und ich erhielten jeweils einen Stand im Zentrum des Reviers. Nachdem mir kurz nach Beziehen des Standes eine Rotte von 6 Stück Sauen bilderbuchmäßig auf 20 Schritt kam und ich 3-mal kolossal fehlte, erlegte ich meine erste Sau dann auf ca. 3 Schritt, da diese direkt an meinem Stand vorbei wollte.

Bernhard hatte einen ähnlichen Anlauf und legte auf einen prächtigen Keiler an. Perfekt im Visier, drückte er ab und vernahm ein leises „Klick". Etwas verwundert über das Geräusch, dauerte es etwas zu lange, um zur Erkenntnis zu gelangen, dass er vergessen hatte zu entsichern. Der Keiler war auf und davon und wurde vom Nachbarschützen dankend übernommen. Wer den Schaden hat, braucht sich um den Spott keine Sorgen zu machen – beim Schlüsseltrieb wurden munter allerlei „Empfehlungen" abgegeben, auch von mir.

Zwei Wochen später war ich zur nächsten Riegeljagd nach Tschechien eingeladen und bezog am Nachmittag einen Stand auf einer Forststraße mit einer Fichtenverjüngung direkt vor mir. Das Schussfeld war, ausgenommen 2 Wechsel jeweils 3 Meter links und rechts von mir, nahezu bei Null. Aber wie es das Schicksal will, höre ich nach kurzer Zeit eine Sau durch die Verjüngung auf mich zukommen. Sie visierte den Wechsel rechts von mir an, ich ebenfalls. Als sie aus der Verjüngung auf die Straße kam, drückte ich ab – und vernahm das ominöse „Klick". Am Abend konnte ich dann nachvollziehen, wie sich mein Bruder zwei Wochen zuvor gefühlt hat. Seither haben wir aber nie wieder vergessen zu entsichern.

Wildschnitzel-semmel

Hans-Georg Kinsky, Unternehmensberater, und Bernhard Kinsky, Projektmanager

Wildschnitzelsemmel

Zutaten für 2 Personen

2 fertig zubereitete Wildschnitzel
(siehe Seite 112)
2 Semmeln
2 Gewürzgurken
1 Paradeiser
2 große Salatblätter
scharfer Senf

Zubereitung

Schritt 1
Die Gewürzgurken und den Paradeiser in dünne Scheiben schneiden. Dann die Semmeln halbieren und die Innenseiten mit Senf bestreichen.

Schritt 2
Die Semmeln mit den Wildschnitzeln, Paradeisern, Gewürzgurken und dem Salat befüllen und zusammenklappen. Nach Belieben kann man in die Mitte noch einen Tupfen Mayonnaise geben.

Wildschweinschmalz

Zutaten für ca. 6 Einmachgläser

1 Bund frischen Thymian, Majoran, Fichtenspitzen
250 g Walnüsse
Salz
1 kg Wildschwein-Rückenfett

Zubereitung

Schritt 1
Gewürze trocknen und mahlen. Getrocknete Walnüsse hacken. Das feine Nussmehl absieben und die gröberen Teile mit etwas Salz rösten.

Schritt 2
Wildschweinfett auslassen. Wenn es anfängt, wieder fest zu werden, die gerösteten Nüsse und zwei gehäufte Esslöffel der Gewürzmischung unterziehen. Das Schmalz in Töpfchen füllen und kalt stellen.

Heinz Neumann und Stefan Hajszan
Wildschweinschlögel und Wildschweinrücken
mit Eierschwammerl-Erdäpfel-Tascherln

Heinz Neumann und Stefan Hajszan
Wildschweinschlögel und Wildschweinrücken
mit Eierschwammerl-Erdäpfel-Tascherln

Zutaten für 4 Personen

Wildschweinschlögel
300 g Wildschweinschlögel
2 EL Öl
50 g Zwiebeln, fein geschnitten
30 g Karotten, würfelig geschnitten
5 Pfefferkörner
3 Wacholderbeeren
1 EL Paradeisermark
¼ l Rotwein
1/8 l Wasser oder Fond
1 Gewürznelke

Wildschweinrücken
ca. 300 g Wildschweinrücken (Filet)
Salz und Pfeffer
einige Wacholderbeeren
Orangenzesten
Öl zum Anbraten

Eierschwammerl-Erdäpfel-Tascherl Fülle
200 g Eierschwammerln
1 mittelgroße Zwiebel
1 Knoblauchzehe
Öl zum Anbraten
20 g Petersilie

Erdäpfelteig
½ kg mehlige Erdäpfel, gekocht
200g griffiges Weizenmehl
40 g Grieß
2 Dotter
1 Ei
Salz und Muskat

Zubereitung Wildschweinschlögel

Den Wildschweinschlögel in einem ausreichend großen Bräter rundum in heißem Öl scharf anbraten, danach aus dem Bräter nehmen. Im Bratenrückstand Zwiebeln und Karotten anbraten, Pfefferkörner, Wacholderbeeren und Gewürznelke dazugeben. Danach das Paradeisermark zugeben, kurz mitrösten und mit dem Rotwein aufgießen. Wasser oder Fond hinzufügen, das angebratene Fleisch wieder hineinlegen und weich schmoren.

Zubereitung Wildschweinrücken

Den Wildschweinrücken mit Salz, Pfeffer, zerstoßenen Wacholderbeeren und Orangenzesten einreiben. Öl in einer Pfanne erhitzen, das Fleisch ca. 5 Minuten rundum anbraten und weitere 5 Minuten ziehen lassen, danach portionieren und anrichten.

Zubereitung Tascherln

Eierschwammerln putzen, Zwiebel und Knoblauch schälen und fein schneiden. Öl in der Pfanne erhitzen, Eierschwammerln scharf anbraten, geschnittenen Zwiebel dazugeben. Danach Knoblauch und Petersilie beimengen, mit Salz und Pfeffer abschmecken.
Für den Teig die Erdäpfel schälen und fein passieren, mit den übrigen Teigzutaten verkneten, Teig 30 Minuten rasten lassen. Danach den Teige ausrollen und in ca. 10 x 10 cm große Quadrate schneiden. Die Eierschwammerlmasse in der Mitte der Teigquadrate verteilen, zu Tascherln zusammenklappen und an den Rändern zusammendrücken. In reichlich heißem Öl in einer Pfanne herausbraten.

Stefan Hajszan und Heinz Neumann, Wiener Winzer und leidenschaftliche Jäger, www.hajszanneumann.com

Afrikanisches Gulasch

Das Mekka, das Eldorado der Jagd – man kann es nicht vergessen, und immer wieder zieht es einen nach Afrika. Nach elf Safaris kann ich behaupten, richtig und behutsam auf Afrika zugegangen zu sein. Ein Impala, ein Warzenschwein, ein Thommy (Thompsongazelle) ein Grant, ein Hartebeest und ein Wildebeest. Nun war der PH (professional Hunter – vormals white Hunter) der Meinung, ich sei reif für das erste Stück der Big Five. Nach dreitägiger Suche nach einer Büffelherde durch Flüsse, Sümpfe, felsige Hügel und endlose Savannen war es so weit.

Beim Vorbeifahren an einer afrikanischen Dickung rauschte es. Ein in seiner Ruhe gestörter Büffel griff unseren Pick-up an und rammte ihn. Der PH und ich waren fassungslos. Ein zweiter Angriff, ein Rammstoß, und wir hatten einen Platten. Der Büffel sucht das Weite, wir hinterher und schlossen zur Herde auf.

Der Bulle – als Nachhut gegen von hinten angreifende Löwen am Ende der Herde – verhoffte, drehte sich um und griff uns ganz gemächlich mit gesenktem Haupt an. Der PH und ich sprangen vom Pick-up und gingen auf den Bullen zu. Aus der Lektüre von Afrika- und Büffelliteratur wusste ich, dass Büffeljagd nicht mit einem Schuss auf einen 300 m entfernten Hirsch oder auf eine 200 m entfernte Gams vergleichbar ist. Büffeljagd ist Nahkampf. Es waren noch 20 m zwischen mir und dem Bullen. Die Adern an meinem Hals spielten verrückt, mein Herz hämmerte, in meinen Ohren rauschte es.

Plötzlich sagte die Stimme hinter mir: „Wenn du jetzt nicht schießt, dann schießt du nie mehr." Der Donnerschlag meiner 375er brachte mich in die Realität zurück, der Büffel fiel. Die Zeremonie zum Weidmannsheil war gering, und wir zerwirken den Büffel in große Stück und luden ihn auf den Pick-up. Zurück im Camp schnitt ich mir ein großes Stück vom Lungenbraten heraus, portionierte dieses in doppeldaumengroße Stücke, mein Freund Stefan schnitt genauso viele Zwiebeln, alle Gewürze waren vorhanden, und wir kochten ein Gulasch. Nach zwei Stunden saßen wir bei Tisch. Keiner von uns konnte das Fleisch des alten Bullen beißen. Den zweiten Anlauf machen wir am nächsten Tag zu Mittag. Noch immer ist das Gulasch mehr als al dente und nicht zu kauen. Aber am Abend, nachdem das Gulasch mehrere Stunden lang gekocht hatte, aßen wir das beste Gulasch unseres Lebens.

Wir saßen am Feuer, sahen Millionen Sterne am Firmament und die glühenden Augen der Hyänen in der stockdunklen Nacht, hörten von Zeit zu Zeit das Brüllen der Löwen, wir tranken Whisky und träumten von weiteren Büffeln und Büffelgulasch.

Heinz Neumann

Helmut König und Christoph
Gamsmenü

Hausgebeizter Gamsschinken

Helmut König und Christoph
Hausgebeizter Gamsschinken

Zutaten für die Gewürzmischung für ca. 1 kg Gamsschlögel

40 g Salz / Pökelsalz
1 g grober Pfeffer aus der Mühle
1 EL Wacholderbeeren
1 EL Korianderkörner
4 EL Zucker

Zubereitung

Schritt 1
Schlögelteile von der Gams in gleich große Stücke teilen.

Schritt 2
Mit der Gewürzmischung einreiben, in ein Tongefäß schlichten, abdecken und zwei bis drei Wochen in einem kühlen Raum ziehen lassen.

Schritt 3
Nach der abgelaufenen Zeit Schinken herausnehmen, abwaschen und einen Tag aufgehängt trocknen lassen.

Schritt 4
Anschließend in der Räucherkammer bei kaltem Rauch von Buchen- und Ahornholz mit Wacholderzweigen 2–3 Wochen kalt räuchern.

Gamssuppe
mit Juliennegemüse und Gamslebertascherln

Helmut König und Christoph
Gamssuppe
mit Juliennegemüse und Gamslebertascherln

Zutaten für 4 Personen

200 g Wildbretzuschnitte
100 g Karotten
100 g Sellerie
100 g Zwiebeln
2 EL Olivenöl
1 TL Paradeisermark
1/8 l Weißwein
1 l Wasser
1 TL Honig
Salz und Pfeffer
Thymian, Majoran
Wacholderbeeren

Fülle
1 Gamsleber
1/2 Zwiebel
1 Karotte
½ Sellerie
3 EL Sauerrahm
Salz und Pfeffer
Petersilie, fein gehackt
1 Prise Stärkemehl

Tascherlteig
800 g Mehl
2 Eier
2 Becher warmes Wasser
1 TL Salz
Mehl für die Arbeitsfläche

Zubereitung

Schritt 1
Wildbretstücke mit geschälten und grob geschnittenen Karotten, Sellerie und Zwiebeln mit Olivenöl in einem Topf goldbraun rösten, Paradeisermark beimengen, durchrösten und mit Weißwein und Wasser aufgießen.
Gewürze beifügen und abschmecken, 20 Minuten köcheln lassen und anschließend die Suppe durch ein feines Sieb abseihen.

Schritt 2
Aus den gekochten Karotten- und Selleriestücken Juliennegemüse schneiden (feine Streifen).

Schritt 3
Für die Fülle Gamsleber in ganz kleine Würfel schneiden. Fein geschnittene Zwiebel, Karotte und Sellerie anrösten, Gamsleber dazugeben, mitrösten und Sauerrahm unterrühren. Anschließend mit Salz und Pfeffer würzen, frisch gehackte Petersilie beimengen und mit Stärkemehl leicht binden. Kalt stellen und damit später die Tascherln füllen.

Schritt 4
Für den Nudelteig das Mehl in eine Schüssel geben, eine Mulde hineindrücken und alle Zutaten für den Teig dazugeben (aber nicht das ganze Wasser sofort hineinschütten). Das Mehl vom Rand in die Mulde schieben und mit den Zutaten vermischen. Das Wasser langsam zugeben (je nach Bedarf etwas mehr oder weniger).
Den Teig-Kloß herausnehmen und auf der bemehlten Arbeitsfläche kneten (den Kloß zusammendrücken und ca. 10–20 Minuten kneten, dabei immer wieder flach drücken, bis der Teig glatt und elastisch ist). Den Nudelteig dünn ausrollen, mit einem Glas Scheiben ausstechen, auf jede Scheibe Gamsleberfüllung geben, den Teig halbmondförmig zusammenklappen und die Teigränder fest andrücken (z. B. mit einer Gabel oder mit den Händen).
Die Teigtaschen in kochendes, gesalzenes Wasser geben und warten, bis sie oben schwimmen (bei den Tascherln muss man aufpassen, dass sie nicht am Topf festkleben, also immer wieder vorsichtig umrühren). Die Kochzeit der Gamslebertascherln beträgt ca. 2–5 Minuten.
Die Suppe mit den Tascherln und dem Juliennegemüse in einem großen Suppenteller anrichten und servieren.

Altausseer Gamsgulasch

Helmut König und Christoph
Altausseer Gamsgulasch

Zutaten für 6–8 Personen

1,5 kg Gamsschulter
250 g Zwiebeln, geschält
250 g Karotten, geschält
200 g Sellerie, geschält
1/16 l Öl
1 EL Paradeisermark
1/8 l Rotwein
1/8 l Orangensaft
1 ½ l Wasser
Salz und Pfeffer
5 EL Paprikapulver
1 EL Thymian
1 EL Majoran
5 EL Preiselbeermarmelade
2 EL Stärkemehl zum Binden

Zubereitung

Schritt 1
Gamsschulter in 3–4 cm große Stücke schneiden. In grobe Würfel geschnittene Zwiebeln, Karotten und Sellerie goldbraun im Öl rösten, herausnehmen und in eine Schüssel geben.

Schritt 2
In der gleichen Pfanne Fleisch im verbliebenen Öl gut durchrösten. Paradeisermark beigeben und kurz mitrösten. Mit Rotwein, Orangensaft und Wasser aufgießen, mit Salz und Pfeffer, Paprikapulver, Thymian, Majoran und Preiselbeermarmelade würzen und ca. 1 ½ Stunden kochen lassen.

Schritt 3
Die letzten 20 Minuten die bereits angerösteten Zwiebel-, Karotten- und Selleriestücke beigeben. So lange köcheln, bis das Gemüse und das Fleisch weich sind (die Kochdauer hängt vom Alter des Wildes ab) und mit in wenig Wasser angerührtem Stärkemehl binden.

Tipp
Das Gamsgulasch kann man mit Knödeln verschiedener Art, mit Rot- oder Kürbiskraut und mit Bratäpfeln, gefüllt mit Preiselbeeren, servieren.

Süße Gamsnockerln

Helmut König und Christoph
Süße Gamsnockerln

Zutaten für 4 Personen

Nockerln
4 EL Heidelbeeren
2 EL Zucker
1 TL Vanillezucker
1 EL Rum
2 EL Sauerrahm
2 EL Mehl

Sauce
250 g Heidelbeeren
150 g Zucker

süße Butterbrösel zum Wälzen
Vanilleeis und Schlagobers als Garnitur

Zubereitung

Schritt 1
Für die Nockerln die Heidelbeeren mit Zucker, Vanillezucker und Rum auf 2 Esslöffel einkochen, kalt stellen. Für die Sauce die Heidelbeeren mit dem Zucker erwärmen, immer wieder umrühren, wenn gewünscht, kann man die Sauce auch mit einem Pürierstab mixen.

Schritt 2
Anschließend die eingekochten Heidelbeeren mit Sauerrahm abrühren, mit Mehl binden und mit einem Esslöffel Nockerln formen (wie Grießnockerln), diese in kochendes, leicht gesalzenes Wasser geben. Ca. 10 Minuten köcheln lassen, herausnehmen und in Butterbröseln (in einer Pfanne Butter schmelzen, Brösel und beliebig viel Zucker dazugeben und gut vermengen) wälzen.

Abschließend auf der warmen Heidelbeersauce anrichten und mit Vanilleeis und Schlagobers servieren.

Gewürz-Zirbenschnaps

Helmut König und Christoph
Gewürz-Zirbenschnaps

Zutaten

200 g frische Zirbenzapfen (Erntezeit Ende Juni)
½ Orange (unbehandelt)
½ Zitrone (unbehandelt)
180 g Zucker
1 l Korn 38 %
2 EL Honig
1 Vanilleschote
Sternanis
Gewürznelken
Zimtrinde

Zubereitung

Die Zirbenzapfen in ca. fünf Millimeter dünne Scheiben schneiden. Die Orange und die Zitrone samt Schale in dünne Scheiben schneiden.
Alles zusammen mit den restlichen Zutaten in einen Glastopf geben, mit einem Tuch abdecken und in einem kühlen Raum ca. 2–3 Wochen ziehen lassen.

Abschließend durch einen Kaffeefilter abseihen und in Flaschen abfüllen.

Gamsmilch

Zutaten für 1 Glas

300 ml Milch
3 EL Kakaopulver (auch mehr bei Bedarf)
50 ml „Jagatee" (Rezept siehe oben)
Zucker oder Honig nach Belieben

Zubereitung

Aus der Milch und dem Kakaopulver einen heißen Kakao zubereiten (etwas mehr Kakaopulver nehmen als üblich). Zum Schluss den Jagatee hinzugeben und heiß trinken. Nach Belieben mit Zucker oder Honig süßen.

Tipp
Nicht nur bei Erkältung gut.

Der Fremde von der Gschwandalm ...

Die Gschwandalm ist der hintere Teil, die so genannte Schattenseite, des Losers in Altaussee. Ich bin hier aufgewachsen und schon seit meiner Kindheit mit der Jagd in Berührung gekommen.

Wir schreiben den 30. Oktober, es ist ein schöner Spätherbsttag. Es liegt irgendetwas in der Luft. Es riecht förmlich nach Wintereinbruch. Ich gehe wohl heute Abend ins Jagdhaus auf der Gschwandalm, um die Hütte einzuwintern und um nach den Gämsen zu sehen.

Diese haben sich nun wohl mehr in der Sonnenseite eingestellt. Es ist Brunftbeginn, und die Platzböcke demonstrieren, wer das Sagen hat. Jedoch von überall her tauchen Böcke auf, um nach den Geißen zu sehen. In der Hütte angekommen, heize ich zuerst richtig warm ein, um das leicht verschwitzte Gewand zu trocknen. Ich kontrolliere alles, und mit einem Glaserl Wein setze ich mich vor die Hütte und mache Brotzeit. Im Gegenhang vor der Hütte stehen vertraut einige Gämsen in der Nähe der Salzlecken. Auch Rehwild ist noch heroben, und im Hintergrund hört man einen kleinen Hahn balzen. Auch Rotwildfährten habe ich beim Heraufgehen gesehen.

Ich mache es mir vor der Hütte gemütlich, bis mich die Dunkelheit einholt. Es ist einfach schön, die Gedanken schweifen zu lassen und der Natur – weit weg von jedem Lärm – zu lauschen. Nur manchmal, wenn das Wild einen Stein abtritt, wird die Stille unterbrochen. In der Jagdhütte ist es inzwischen schon schön warm geworden, und ich freue mich auf mein Bett. Mit Gedanken an die bevorstehende Gamsbrunft schlafe ich ein.

Der zunehmende Wind weckt mich frühzeitig auf, das Wetter hat sich gedreht. Es ist kälter geworden. Mit einem Kaffee setze ich mich vor die Tür und glase den Gegenhang ab. Die Rehgeiß mit ihren zwei Kitzen ist noch da, und in der Mitte der Schotterrieße zähle ich siebenundzwanzig Gämsen, über die oberhalb auf einem Felsen ein älterer, engstehender Gamsbock wacht. Auch zwei jüngere Böcke sind am Rande der Gruppe und wissen nicht recht, ob sie sich zu den Geißen trauen sollen.

Plötzlich wird der Platzbock hoch und verhofft auf meine Seite. Mich kann er nicht wahrgenommen haben, sind es doch gute zweihundertsechzig Meter, und in den Wind kann er mich auch nicht bekommen haben. Immer wieder glase ich den Hang ab, um nach der Ursache zu sehen. Auf einmal sehe ich ganz oben in den Latschen einen ganz starken Gamsbock. Ich schaue durch mein Spektiv und sehe ein mir fremdes Stück mit weit ausgelegten Krucken. Es ist ein alter Bock mit einem guten Bart. Schon wechselt er in Richtung Brunftrudel, und der Platzbock kommt ihm entgegen.

Eine kurze Demonstration der beiden, Barthaare aufstellen, sich umkreisen, und schon geht die Post ab. In der schnellen Flucht bekomme ich nicht mehr mit, welcher der beiden vorne oder hinten ist. In mir kommt das Jägerblut hoch.

Helmut König und Christoph, Gastwirte und Jäger in Altaussee: Blaa Alm, Loserhütte und Jagdhof, www.willkommeninaltaussee.at

Ich nehme mein Gewehr, meinen Rucksack und das Spektiv und pirsche in Richtung der Gämsen.

Bis auf zweihundert Meter Schussdistanz muss ich hinkommen. Zu diesem großen Felsbrocken am unteren Ende des Hanges. Es gelingt mir, und ich mache es mir dort gemütlich und beobachte die Gämsen.

Von den zwei Böcken ist im Moment nichts zu sehen. Nach geraumer Zeit sehe ich, wie ganz weit rechts ein einzelnes Stück zur Gruppe zieht. Ich schaue durch mein Spektiv, ja, es ist der fremde Gamsbock mit den weit ausgelegten Krucken.

Ich richte mir das Gewehr, kontrolliere die Auflage und warte mit leichtem Jagdfieber, bis sich der Bock zeigt. Die Minuten werden zu einer Ewigkeit, aber endlich ist es so weit. Der neue Platzbock begutachtet seine Damen. Noch einen Schritt nach vor, noch ein bisschen mehr die Breitseite zeigen, denke ich mir. Fadenkreuz aufs Blatt, ein bisschen tiefer halten, weil es steil bergauf geht, denke ich noch. Dann ist die Kugel draußen.

Der Bock geht vorne hoch, kurz einen Schritt rückwärts, dann verlassen ihn die Kräfte. Jetzt kommt er den Hang herunter, bis er von einem großen Steinbrocken gestoppt wird. Ich sitze noch immer unten bei meinem Stein und lasse das ganze Revue passieren, bevor ich mit großer Freude und Neugierde über das Alter des Bockes hinaufsteige. Es ist wirklich ein zwölfjähriger Gamsbock, den ich noch nie zuvor zu Gesicht bekommen habe. Ich gebe ihm den letzten Bissen in Form eines Latschenzweiges. Auch ich nehme mir einen kleinen Bruch und halte einige Minuten inne, bevor ich mit ihm zurück zum Jagdhaus steige.

Weidmannsheil,
Helmut König

Christoph bei der Jagd

Peter Horejsi
Hasenterrine und Hase im Blätterteig

Peter Horejsi
Hasenterrine und Hase im Blätterteig

Vorerst sei erwähnt, dass diese Rezepte nicht unbedingt für einen ganzen Hasen verwendet werden müssen. Man kann sie auch auf geringere Fleischmengen umrechnen. Da ich allerdings ein Jäger bin, der seine Beute komplett verarbeitet, habe ich die Rezepte für einen ganzen, adulten Hasen (kein Quart- oder Halbhase und auch kein Dreiläufer) verfasst.

Zu beachten ist, dass der Hase gut geschossen (nicht zerschossen) und auch nicht vom Apportierhund geknautscht wurde, um möglichst wenig Hämatome im Muskelfleisch zu haben.
Wer sich für diese Art der Hasenzubereitung entscheidet, muss mit 3 Tagen Arbeit rechnen. Sie ist sehr aufwändig, aber das Ergebnis ist es wert. Weiters muss man eine gute Faschiermaschine besitzen, denn kein Fleischhauer darf laut Lebensmittelgesetz vom Kunden mitgebrachtes Wildfleisch faschieren. Weiters benötigt man 2 Blechterrinen mit je ca. 30 cm Länge.

Zeitaufwand

1. Tag
Den Hasen ausbeinen und das Muskelfleisch feinst zuputzen. Das bedeutet, alle Sehnen und Muskelhäute zu entfernen. Diese Arbeit dauert ca. 3 Stunden. Am Nachmittag können dann die Zutaten besorgt werden.

2. Tag
Zubereitung der drei Grundmassen (zwei Massen für die Terrine, Marinieren der Fülle für die Blätterteigtascherln), Rosinen einweichen.

3. Tag
Fülle fertigstellen, Blätterteig befüllen, Terrine im Wasserbad garen und Teigtascherln backen.

Ergebnis: 2 Hasenpasteten (à 30 cm Länge) und 24 Hasenfleisch-Blätterteigtaschen.

1. Tag

1. Schritt

Den Hasen ausbeinen und das Fleisch zuputzen: ungefähre Ausbeute bei einem adulten Hasen: 250 g Rückenfilets (von der Schulter bis zum Becken). Die beiden Rückenfilets im Ganzen lassen, da sie als Mittelfülle in die Terrinen eingelegt werden.
900–950 g feinst geputztes Muskelfleisch (davon werden 400 g zum Faschieren und 500 g für die Blätterteigfülle verwendet)

2. Schritt

Zutaten besorgen:
Zutatenliste für 2 Hasenterrinen (à 30 cm Länge) und 24 Hasenfleisch-Blätterteigtaschen

500–600 g Schweinefleisch (Schnitzelfleisch)
400 g geräucherter fetter Speck (essfertig)
450 g geräucherter Schinkenspeck
200 g Hühnerleber
500 g Schwarzwälder Schinkenspeck (hauchdünne Scheiben zum Auslegen der Terrinenform)
4 fertige Blätterteigrollen (ca. 250 g)
300 g Champignons
3 Zwiebeln
3 Knoblauchzehen
1 Karotte
1 Zitrone (oder 1 EL Zitronensaft)
1 Apfel
30 Wacholderbeeren
200 g Dörrpflaumen
5 EL Rosinen (über Nacht in Wasser einweichen)
2 EL Paradeisermark
3 EL Preiselbeermarmelade
6 EL Nüsse
20 EL Brösel
1 Ei
1 Lorbeerblatt
½ Suppenwürfel
8 EL Butter
3 EL Öl
1 kleiner Becher Crème fraîche
350 ml Rotwein
ca. 14 EL Weinbrand
Salz und Pfeffer
2 Messerspitzen Nelkenpulver
2 TL Wildgewürz

2. Tag

Zubereitung der Grundmasse für die Terrinen und Ansetzen der Marinade für die Blätterteigfülle:

Erste Grundmasse

400 g Hasenfleisch, 500–600 g Schweinefleisch und 400 g fetten Speck grob würfelig schneiden und zusammenmischen, dann dreimal fein faschieren. Folgende Zutaten können zwecks guter Durchmischung schon zum zweiten Faschierdurchgang dazugegeben werden: 20 fein gehackte Wacholderbeeren, 2 zerdrückte Knoblauchzehen, 2 fein geschnittene Zwiebeln, 3 TL Salz und 2 TL gemahlenes Wildgewürz.
Danach das Faschierte mit 200 g vom geräucherten, würfelig geschnittenen Schinkenspeck, 4 EL Weinbrand, 60 ml Rotwein und 8–10 EL Brösel gut vermengen.

Zweite Grundmasse

200 g geputzte und würfelig geschnittene Hühnerleber in 4 EL Butter gut anbraten, danach von der Flamme nehmen. 200 g fein gehackte Champignons, 200 g fein geschnittene Dörrzwetschken, 3 EL Preiselbeermarmelade gut verrühren.
Die Grundmasse 2 in die Grundmasse 1 gut einrühren.

Die beiden Rückenfilets der Länge nach halbieren und gut anbraten.
Die Terrinenformen mit 500 g Schwarzwälder Schinkenspeck-Scheiben auslegen, und zwar so, dass der Speck über die Terrinenränder drüberhängt, damit man die Masse später damit zudecken kann.
Die Terrinenformen jeweils zu einem Drittel mit der vermischten Masse befüllen, die angebratenen Filets als Mittelfüllung der Länge nach einlegen und die restliche Masse darauf verteilen, glatt streichen und mit den überhängenden Speckscheiben zudecken. Die Terrinen im Kühlschrank über Nacht ziehen lassen.

Blätterteigfülle

500 g Hasenfleisch kleinwürfelig schneiden, ebenso 150 g vom geräucherten Schinkenspeck in kleine Würfel schneiden. 250 ml Rotwein, 4 EL Weinbrand, 1 Messerspitze Nelkenpulver, 1 Messerspitze gemahlenen Pfeffer und 1 Lorbeerblatt zu einer Marinade vermischen, das Hasenfleisch und die Speckwürfel darin über Nacht marinieren.
Außerdem 5 EL Rosinen für die Fülle über Nacht in Wasser einweichen!

Bitte umblättern!

... und weiter geht's!

3. Tag

Garen der Terrinen
Die gefüllten Terrinenformen aus dem Kühlschrank nehmen und auf ein mit Alufolie ausgelegtes Backblech legen, Hasenterrinen bei ca. 160–180 °C (Gasherd: Stufe 3) 1 ½ Stunden garen (Achtung: das seitlich in den Terrinen austretende Fett blubbert aus der Form, daher das Backblech!). Aus dem Ofen nehmen, noch überschüssiges Fett aus der Formen abgießen und die Terrinen aus den Formen stürzen. Den Speck daranlassen, damit die Terrinen nicht austrocknen.

Zubereitung der Fülle für den Blätterteig
Während die Terrinen im Backrohr garen, von den marinierten Hasenfleisch- und Speckwürfeln das Lorbeerblatt entfernen und die Marinade abseihen (diese allerdings aufheben, da sie später wieder zur Fülle gegeben wird).
4 EL Butter und 3 EL Öl erhitzen, darin die marinierten Fleisch- und Speckwürfel sowie weitere 100 g frische Schinkenspeckwürfel ca. 15 Minuten anbraten, danach alles aus dem Fett nehmen und in eine Schüssel geben.
Im gleichen Fett 1 fein geschnittene Zwiebel, 1 zerdrückte Knoblauchzehe, 1 geriebene Karotte, 100 g fein geschnittene Champignons, 10 fein gehackte Wacholderbeeren und 1 würfelig geschnittenen Apfel 20 Minuten dünsten.
Danach diese gedünsteten Zutaten möglichst ohne überschüssiges Fett zum Fleisch in die Schüssel geben.
Weiters 2 EL Paradeisermark, die am Vortag eingeweichten Rosinen, 3 EL Preiselbeermarmelade, 1 EL Zitronensaft, ½ Suppenwürfel (in 1/16 l Wasser aufgelöst), 1 kleinen Becher Crème fraîche, 6 EL gehackte Nüsse, 2 EL Weinbrand, 1 TL Salz, 1 Messerspitze Nelkenpulver und 1 Messerspitze gemahlenen Pfeffer zur Fleischmasse in die Schüssel geben und sorgfältig verrühren. Mit 8–10 EL Brösel abbinden. Die Masse gut auskühlen lassen.
Bevor der Blätterteig zum Befüllen hergerichtet wird, 1 Ei in einem Glas gut verrühren und einen Pinsel zum Bestreichen vorbereiten.
Zwei Blätterteigrollen aus dem Kühlschrank nehmen (nie alle 4 Rollen gleichzeitig, denn wenn der ausgerollte Teig warm wird, lässt er sich nur schwer verarbeiten, er wird weich und klebrig), glatt aufrollen und mit einem Messer die Teigblätter jeweils sechsteln (der Länge nach halbieren und Breite nach dritteln). So entstehen 12 annähernd quadratische Teigstücke.

Mittig auf diese jeweils einen stark gehäuften Esslöffel Fülle geben, diese zu einer Halbkugel flachdrücken und die Teigecken darüberlegen.
Die Teigränder mit Fingern zusammendrücken und mit einem Messer oben einen ca. 2 cm großen Schlitz stechen („Dunstabzug").
Die Teigtaschen mit dem verquirlten Ei bestreichen und im vorgeheizten Backrohr bei 180 °C (Gasherd: Stufe 3) 40–45 Minuten goldgelb backen. Die restlichen beiden Blätterteigrollen ebenso verarbeiten.

Für diejenigen, die nicht nur Preiselbeermarmelade und getoastetes Weißbrot zur Pastete essen wollen, hier noch ein Tipp für eine ausgezeichnete

Pinienkernsauce
4 EL Rosinen über Nacht im Wasser aufquellen lassen. 3 gehäufte EL Zucker in einer Pfanne vorsichtig schmelzen und mit 6 EL Weinessig ablöschen, ½ Suppenwürfel und 300 ml Wasser dazugeben und auf die Hälfte eindicken. 3 EL Paradeisermark, ¾ TL Pfeffer gemahlen und etwas Salz beimischen. 1 EL Maizena (Maisstärke) in 1/8 l Wasser einrühren, dazugießen und köcheln lassen, bis die Sauce sämig ist. Zum Schluss die Rosinen und 4 EL Pinienkerne beimengen.

Peter Horejsi, Jagdausbildner, Maler und Hornmeister

Falscher Ruf – falsches Wild
oder
Treuloses Weibsvolk – ruft hier nicht George Clooney?

Als langjähriger Jagdausbildner und Pirschführer von Jagdgästen könnte ich ein Kabarettstück über jagdliche Missgeschicke schreiben. Die folgende Geschichte ist mir als Jungjägerabenteuer passiert:

Ja, auch ich war einst ein unerfahrener Jungjäger und bestrebt, alle Jagdeinladungen, die sich boten, anzunehmen. Mein Freund Stefan, Sohn eines Hochwildrevierbesitzers, war ebenfalls Jungjäger und ebenso laienhaft im Wald unterwegs wie ich. Sein Vater Paul, großzügig und nicht schussneidig, wollte mir etwas Gutes tun und lud mich auf einen Platzhirsch ein. Der Haken an der Sache war, Stefan sollte den Hirschruf tun, und ich sollte schießen, aber ohne dass Paul als erfahrener Pirschführer mitging. „Ihr beide schafft das schon, denn ich habe keine Zeit", war sein Kommentar. Stefan konnte zwar mächtig auf einem riesigen Rinderhorn röhren, von der richtigen „Hirschsprache" hatte er jedoch genauso wenig Ahnung wie ich.

Nun gut. In der Nähe des Brunftplatzes zur Dämmerung angekommen, alles bisher Erlernte einhaltend, pirschten wir in Richtung Brunftrudel, wo wir den Sprengruf des Platzhirsches hörten. Am Waldrand verschanzten wir uns am Boden in einer Windwurfmulde. Nichtsahnend und guter Dinge röhrte Stefan laut, tief und beeindruckend, während ich stabil mit der Büchse am Rand in der Mulde lag. Erfahrene Hochwildjäger können sich vielleicht schon ausmalen, was geschah. Der Wind stand günstig und kam aus Richtung des Brunftrudels. Aufgeregt erwarteten wir das Heranimponieren des Platzhirsches. Doch – weit gefehlt! Das Kahlwild näherte sich im Troll unserer Grube. Stefan verstummte, und im Nu standen die Tiere etwa einen Meter (!!!) von uns entfernt, stark windend, mit weit geöffneten Lichtern und gespreizten Lauschern im Halbkreis vor uns. Wir erstarrten zu Salzsäulen. Minuten wurden zu Stunden. Hätte ich meinen Arm ausgestreckt, hätte ich ein Tier in den Windfang zwicken können! Zwischen den Läufen durchblickend, erspähte ich plötzlich den Hirsch. Er kam vorsichtig aus der Dickung, doch mit dem Schießen war nichts mehr. Langsam schloss sich der Halbkreis des Kahlwildes hinter unserer Grube zu einem Kreis und wir bekamen furchtbare Angst, dass sie über uns hinweg fliehen könnten, denn sie bekamen uns jetzt in den Wind. Da wir aber absolut regungslos blieben, begannen sie bloß unsicher zu tänzeln und kehrten zu ihrem Pascha zurück. Gut in Deckung, inmitten seiner Weibsbilder, zog er dann mit seinem Harem wieder von dannen. Mit noch immer zitternden Knien packten wir lachend zusammen und scherzten beim Heimgehen – um unsere Angst zu besiegen – über den Gestank des Hirsches, den wir voll im Wind hatten, und über die treulosen „Mädels", die den „Stefan-Hirsch" begutachten wollten. Vater Paul unterrichtete uns Tage danach in der richtigen Hirschsprache, um nicht die Tiere, sondern den Hirsch anzulocken.

Christian Lang
Pappardelle al sugo di lepre
Pappardelle mit Hasensugo

Christian Lang
Pappardelle al sugo di lepre

Pappardelle mit Hasensugo

Wir lernten dieses Gericht während unseres Toskana-Urlaubs im Restaurant der „Badia a Coltibuono", einem Landgut aus dem 11. Jahrhundert, wo auch feine Weine gekeltert werden, vor vielen Jahren kennen und lieben. Meine Frau Eva hat auch diesmal für die perfekte Zubereitung des Gerichts gesorgt.

Zutaten für 4 Personen

1 Feldhase, ohne Knochen
3 EL Olivenöl
1 Zwiebel
1 Karotte
1 Stange Bleichsellerie
1 Fleischparadeiser, gehäutet und gehackt (oder aus der Dose)
1/2 l Rotwein
1 EL frischer Thymian
2 Gewürznelken
Salz und Pfeffer

4 Portionen Papardelle

Zubereitung

Schritt 1
Das Hasenfleisch klein schneiden, das Öl in einem Topf erhitzten, Hasenfleisch mit der fein gehackten Zwiebel, der geraspelten Karotte und dem in Stücke geschnittenen Sellerie anbraten, bis alles leicht Farbe annimmt, dabei gelegentlich umrühren.

Schritt 2
Die Paradeiserstücke dazugeben, den Wein zugießen, den Thymian und die Gewürznelken hinzufügen, salzen und pfeffern. Bei niedriger Temperatur zugedeckt etwa 3 Stunden schmoren lassen, bei Bedarf etwas Wasser zufügen, damit das Fleisch schön saftig bleibt.

Schritt 3
Die Pappardelle nach Packungsanweisung in reichlich kochendem Salzwasser al dente kochen, dann abseihen. Die Sauce mit den Pappardelle durchmischen, auf einer vorgewärmten Platte oder in einer Schüssel anrichten und sofort servieren.

Parmesan und Rotwein dazu reichen.

Christian Lang, Rechtsanwalt in Wien

Begegnung mit einem Waldkauz

Bedächtig setzte ich einen Fuß vor den anderen, um nur ja kein Geräusch zu machen. Vorsichtig dringe ich durch das Dickicht vor. So geht es eine Weile, und ich komme immer weiter voran in den Wald. Es beginnt zu dämmern. Es wird kälter. Ich schließe meinen Mantel, ziehe den Schal fester. Die Gestalt der Bäume verändert sich, sie scheinen zu wachsen.

Dunkelheit legt sich wie eine Decke über alles. Der Wind streicht durch die Blätter, ein Rascheln irgendwo. Zweige, die am Boden liegen, knacken. Die Geräusche des Waldes sind im Dunkeln lauter, und so überkommt mich ein gewisses Unbehagen. Da, plötzlich ein Luftzug, mit einem Flügelschlag schwingt sich ein Waldkauz geräuschlos von einem Ast zu einem anderen.

Gott sei dank ist es nur ein „Vogel", der auf Ausschau nach kleinen Mäusen ist und nicht auf der Suche nach großen Männern.

Ich atme getrost durch und lache über mich selbst, dass ich noch einmal glimpflich davongekommen bin.

Christian Johann Springer
Feldhasenschlögel im Rohr gebraten
mit Salbei-Gnocchi

Christian Johann Springer
Feldhasenschlögel im Rohr gebraten
mit Salbei-Gnocchi

Zutaten für 4 Personen

4 Hasenschlögel
Salz und Pfeffer
Wildgewürz
3 EL Öl
2 Zwiebeln
4 Karotten
200 g Speck
¼ l Wildfond oder Suppe
2 EL Mehl
¼ l Sauerrahm oder Crème fraîche
Zitronensaft

Salbei-Gnocchi
500 g Erdäpfel, gekocht
150 g Mehl
30 g Grieß
1 Eidotter
1 TL Salz und weißer Pfeffer
Muskatnuss, gerieben
200 g Butter
1 Bund frischer Salbei

Zubereitung Hase

Schritt 1
Die Hasenschlögel mit Salz, Pfeffer und Wildgewürz einreiben. Öl in einer ofenfesten Pfanne (oder in einem Bräter) erhitzen und das Fleisch darin scharf anbraten.

Schritt 2
Zwiebeln und Karotten klein schneiden und gemeinsam mit dem würfelig geschnittenen Speck zu den Hasenschlögeln in die Pfanne geben und anrösten. Mit Wildfond ablöschen, ins Backrohr geben und ca. 1 ½ Stunden bei ca. 220 °C fertig braten – öfters aufgießen.

Schritt 3
Das Fleisch warm stellen, den Bratensaft passieren Mehl mit Sauerrahm verquirlen, die Sauce damit binden, kurz aufkochen lassen und mit Zitronensaft abschmecken.

Zubereitung Gnocchi

Schritt 1
Die gekochten Erdäpfel schälen und durch eine Erdäpfelpresse drücken. Die Masse auf einer Arbeitsfläche verteilen und mit Mehl, Grieß, Eidotter, Salz, Pfeffer und etwas Muskatnuss zu einem weichen, aber formbaren Teig verkneten. Etwa 60 Minuten kühl rasten lassen.

Schritt 2
In einem großen Topf ausreichend Salzwasser aufkochen lassen und zuerst einen „Probegnoccho" kochen. Sollte der Teig zu weich sein, noch etwas Mehl oder Grieß einarbeiten.
Nun aus dem Teig eine daumendicke Rolle formen. Davon etwa 3 cm lange Stücke abschneiden, diese rundlich formen und mit einer Gabel jeweils längs eindrücken.

Christian Johann Springer, Geschäftsführer Johann Springer's Erben Handels GmbH

Schritt 3
Gnocchi in das kochende Wasser einlegen, warten, bis sie aufsteigen, dann noch 2–3 Minuten ziehen lassen.
Fertige Gnocchi vorsichtig mit einem Siebschöpfer herausheben und abtropfen lassen.

Schritt 4
In einer Pfanne die Butter erwärmen und die fein geschnittenen Salbeiblätter untermischen. Wenn die Butter flüssig ist, die Gnocchi für 1 Minute in der Pfanne schwenken.

Vielen lieben Dank meiner Frau Regina für die tatkräftige Unterstützung!

Gewichtiger Jagdgast

Unser Jagdgast Boris – von seinem Typus ein kräftiger Russe von ca. 65 Jahren – hat bei uns eine österreichische Gebirgsjagd gebucht. Das Revier war zu diesem Zeitpunkt auch von anderen Gästen belegt, und wir mussten den Gast mit unserem firmeneigenen VW-Passat hinbringen.
Der Berufsjäger führte ihn auf einen kapitalen Rothirsch. Letztendlich konnte Boris den Hirsch ins Zielfernrohr bekommen, jedoch musste er sich an der Windschutzscheibe unseres Autos anlehnen, um den Schuss antragen zu können. Der Hirsch lag im Feuer. Und die Windschutzscheibe zerbrach auf Grund des körperlichen Einsatzes.

Zwei Herzen schlagen in unserer Brust: Die Moderne mit neuestem Schießkino mitten in Wien sowie 2-mal jährlich stattfindenden Auktionen auf der einen Seite, andererseits die Tradition, sichtbar gemacht in unserem entstehenden Jagd- und Waffenmuseum, mit gläsernem Durchblick auf die Büchsenmacher bei der wiederaufgenommenen Produktion der Jagdwaffen.

Ludwig Güntschl
Fasan im Speckmantel
mit Paprika-Oberssauce

Ich habe zwei Leidenschaften, die mit dem Wagram eng verbunden sind. Die Leidenschaft für den Wein ergibt sich am Wagram von selbst. Wer sich mit offenem Auge für die Natur dieser Landschaft nähert oder so wie ich dort lebt, kennt ihren besonderen Reiz: Den Wechsel der Jahreszeiten, den weiten offenen Himmel mit dem besonderen Licht. All das erlaubt es mir, meinen Beruf mit dem Schönen zu verbinden. Man respektiert die Natur, hegt und pflegt sie – ob im Weingarten oder auf der Jagd ... Das ist für mich das beste Mittel zum Entspannen.

Wenn die ganze Familie gemütlich bei einem frisch gebratenen Fasan und einem guten Gläschen Wein beisammensitzt, dann weiß man, dass man mit seinem Leben zufrieden sein kann.

„Das Leben ist zu kurz, um schlechten Wein zu trinken!"

Zutaten für 3 Personen

1 Fasan, küchenfertig vorbereitet
Salz und Pfeffer
Rosmarin
50 g Bauchspeck, in dünne, lange Streifen geschnitten
1 kleines Stück Butter
1 mittlere Zwiebel
1 EL Paprikapulver
1–2 Knoblauchzehen, zerdrückt
1/8 l Rotwein
Thymian, Basilikum
Majoran
2–3 TL Mehl
1/8 l Sauerrahm
1/8 l Obers

Zubereitung

Schritt 1
Am Vortag den Fasan innen und außen mit Salz, Pfeffer und Rosmarin würzen und mit dem Bauchspeck umwickeln, mit Spagat verschnüren (oder mit kleinen Spießen befestigen), kalt stellen.

Schritt 2
Am nächsten Tag den Fasan rundherum in Butter kurz anbraten.
Dann fein geschnittenen Zwiebel anrösten, 1 EL Paprikapulver und Knoblauch kurz mitrösten und danach mit Rotwein und Wasser (je nach Bedarf) aufgießen, mit Thymian, Basilikum und Majoran würzen. Den Fasan nun bei ca. 200 °C ca. 1 ½ Stunden im Backrohr braten.

Schritt 3
Das Mehl mit dem Sauerrahm gut verrühren und in den Bratensaft einrühren, unter ständigem Rühren kurz aufkochen lassen, mit dem Obers verfeinern und abschmecken. Den Fasan vierteln und mit der Sauce servieren.

Tipp
Dazu passen am besten Rotkraut, Serviettenknödel und Preiselbeeren.

Ludwig Güntschl, Winzer in Gösing am Wagram, www.guentschl.at

Maroni-Sellerie-Suppe mit Fasanenbrust

Zutaten für 4 Personen

150 g Maronen, gekocht und geschält
1 Stange Staudensellerie
20 g Butter
ca. 300 ml Wildfond
100 ml Obers
2 EL Portwein
1 TL Trüffeljus oder Trüffelöl
Salz und Pfeffer, frisch gemahlen
2 EL Obers, steif geschlagen

Einlage
1 Fasanenbrusthälfte, ausgelöst
Salz und Pfeffer
1 EL Öl
10 g Butter

ev. 1 Schuss Zitronensaft
1 TL Petersilie, gehackt

Zubereitung

Schritt 1
Die Maronen und die Selleriestange in Stücke schneiden und in der heißen Butter andünsten, aber nicht bräunen. Mit Wildfond aufgießen und das Gemüse bei schwacher Hitze etwa 15 Minuten weich kochen.

Schritt 2
Für die Einlage die Fasanenbrust salzen und pfeffern. Öl und Butter in einer Pfanne erhitzen und die Brust darin auf jeder Seite 2–3 Minuten anbraten. Die Brust in Alufolie wickeln und nachziehen lassen.

Schritt 3
Die Maronen-Sellerie-Suppe im Mixer fein pürieren und, falls nötig, noch etwas Fond zugießen. Die Suppe zurück in den Topf füllen. Obers und Portwein unterrühren, mit Trüffeljus, Salz und Pfeffer abschmecken und unter Rühren erhitzen. Die Fasanenbrust in Scheiben schneiden, den austretenden Fleischsaft unter die Suppe rühren. Schlagobers unterziehen und die Suppe in vorgewärmten Tellern anrichten. Wenn gewünscht, mit einem Schuss Zitrone verfeinern. Mit Fasanenbrustscheiben belegen, mit Petersilie bestreut servieren.

Mein schönstes Jagderlebnis

In einer klaren Vollmondnacht im Sommer 2008 habe ich mich trotz Krücken und Beschwerden im Knie (schuld war ein Schiunfall im März) entschlossen, auf einen Wildschweinansitz in den Wäldern von Gösing zu gehen. Mein Ziel war ein offener Hochsitz auf einer Waldlichtung, wo ich meine Seele baumeln lassen konnte.

Zu späterer Stunde, ich gestehe, ich war in der Zwischenzeit eingeschlafen, hörte ich auf einmal ein Knacken und Brechen im Unterholz, und dies kam immer näher. Gespannt wartete ich auf den Anblick. Ich dachte schon etwas nervös: „Das können nur Wildschweine sein." Mein Puls stieg, und das Adrenalin ließ mein Herz höher schlagen. Und wirklich! In nicht einmal 30 m Entfernung standen 8 Wildschweine und ca. 7 Frischlinge! Die Bache mit ihren Frischlingen befand sich an der Suhle, und die großen wühlten im Waldboden. Abseits der Rotte stand ein Keiler, der sich an der Kirrung bediente. Nachdem ich den Keiler angesprochen hatte, erlegte ich ihn mit einem gezielten Schuss hinter dem Teller. Ein Blick auf die Uhr sagte mir, dass es bereits 1.25 Uhr war. Was nun? Da ich ja den Keiler schlecht mit den Krücken alleine bergen konnte, rief ich meinen Vater an. Der half mir, das 67 kg schwere Wildschwein zu versorgen. Nachdem wir auf das Weidmannsheil angestoßen hatten, freute ich mich schon auf den Wildschweinschinken, den wir in unserem Panoramaheurigen anbieten.

Alexander Russ
Gegrillte Wildente
an Kürbisgemüse mit Walnüssen und herzhaftem Maronipüree

Alexander Russ
Gegrillte Wildente
an Kürbisgemüse mit Walnüssen
und herzhaftem Maronipüree

Zutaten für 4 Personen

1 Wildente, küchenfertig vorbereitet
Salz und Pfeffer
1 Apfel (z. B. Boskop)
1 Bund Frühlingszwiebeln
frische Kräuter

Marinade
¼ l Orangensaft
1 Schuss Sherry
1 EL Sojasauce
1 EL Honig
1 Prise Cayennepfeffer

Bratensauce für die Ente
1 EL Rohrzucker
¼ l Orangensaft
10 EL Bratensaft von der Ente
3 EL kalte Butter
Salz, Pfeffer
1 Prise Wildgewürz

Zubereitung Ente

Schritt 1
Ente waschen und trocken tupfen. Die Haut einschneiden oder mit einem Holzstäbchen einstechen. Ente mit Salz und Pfeffer würzen.
Den Apfel schälen und vierteln, Kerngehäuse entfernen. Die Frühlingszwiebeln putzen, halbieren und zusammen mit den Kräutern (z. B. Thymian, Majoran, Kerbel) und den Apfelspalten in den Vogel füllen und mit kleinen (selbst geschnitzten) Holzstäbchen schließen.

Schritt 2
Aus Orangensaft, Sherry, Sojasauce, Honig und Cayennepfeffer eine Marinade zubereiten und die Ente damit bepinseln.

Schritt 3
Die Ente ca. 2–2 ½ Stunden indirekt bei 135 °C grillen. Eine Fettpfanne unterstellen und mit dem entstehenden Bratensaft und der Marinade immer wieder bepinseln. Alternativ kann die Ente natürlich auch im Backrohr gebraten werden.

Zubereitung Bratensauce

Rohrzucker kurz karamellisieren und mit Orangensaft ablöschen. Vom Entenbratensaft ca. 10 Esslöffel dazugeben und einkochen. Eiskalte Butter dazuschlagen und noch einmal aufkochen. Mit Salz, Pfeffer und einer Prise Wildgewürz abschmecken und zur gewünschten Konsistenz einkochen.

Alexander Russ, Vollblutlehrer und Entenliebhaber (2CV), www.wunschente.at

Kürbisgemüse mit Walnüssen

Zutaten für 4 Personen

2 kleine (oder ein großer) Hokkaido-Kürbis
Salz
1 Schuss Weißweinessig
3 Frühlingszwiebeln
1 Chilischote
1 Vanilleschote
1 EL Öl
1 kleine Hand voll Walnüsse
1 kleine Hand voll Cranberries (getrocknet oder frisch)
1 EL Honig

Zubereitung

Schritt 1
Kürbis in kleine Stücke schneiden. In Salzwasser mit einem Schuss Weißweinessig bissfest kochen und abgießen – ein wenig vom Kürbis-Kochwasser aufbewahren.
Frühlingszwiebeln in feine Streifen schneiden, Chilischote entkernen und in ganz(!) dünne Streifen schneiden. Die Vanilleschote aufbrechen, das Mark herauskratzen und die Schotenschale auf die Heizung legen (das duftet herrlich!).

Schritt 2
Ein wenig Öl in einer Pfanne erhitzen, Kürbisstücke, Chilistreifen, Vanillemark, Walnüsse und Cranberries kurz anbraten, Honig und ein wenig vom Kürbiswasser dazugeben und 3–4 Minuten schmoren. Zuletzt die feinen Frühlingszwiebelstreifen dazugeben und mit Salz (nur mit Salz!) abschmecken.

Maronipüree

Zutaten für 4 Personen

300 g Maroni, gekocht (oder aus der Dose)
1/8 l Obers
1/8 l Wildfond
1 Schuss Sherry
Salz und Pfeffer
2 EL Obers, steif geschlagen

Zubereitung

Schritt 1
Vorgekochte Maroni mit Obers und Wildfond ca. 8 Minuten weich kochen. Abgießen, den Fond aber aufbehalten.

Schritt 2
Die Maroni pürieren und den Fond nach und nach zugeben, bis die gewünschte Konsistenz erreicht ist.

Schritt 3
Mit trockenem Sherry, Salz und Pfeffer abschmecken. Noch zwei EL steif geschlagenes Obers unterziehen, das Püree in einen Spritzbeutel füllen, damit beim Anrichten Rosetten spritzen.

Alexander Russ
Fasanenterrine

Zutaten für 1 Terrine

1 Fasanenbrust
300 g Wildbret vom Fasan (oder Ente)
100 g Sauerrahm
1/8 l Obers
1 Ei
20 g Pistazienkerne, geschält
10 g Dörrzwetschken, gehackt
10 g Dörrmarillen, gehackt
1 EL rosa Pfefferkörner
Salz und Pfeffer
Muskatnuss, gemahlen
100 g Pastetenspeck, in hauchdünne Scheiben geschnitten

Zubereitung

Schritt 1
Fasanenbrust in Streifen schneiden (ca. 1 cm dick) und kurz anbraten.

Schritt 2
Das Wildbret vom Fasan in Stücke schneiden, mit Sauerrahm, Obers und dem Ei fein pürieren und so zu einer Farce verarbeiten.
Pistazienkerne (und/oder Pinienkerne), Dörrobst und rosa Pfeffer der Farce beimengen und mit Salz, Pfeffer und wenig Muskatnuss abschmecken.

Schritt 3
Eine kleine Terrinenform mit Speck auslegen und mit 1/3 der Farce befüllen. Die angebratenen Fasanenbruststreifen darüberlegen und mit dem Rest der Farce auffüllen.
Den Pastetenspeck darüberschlagen und die Terrine im Wasserbad bei 90 °C ca. 40 Minuten dämpfen.

Tipp
Mit Preiselbeerkompott servieren. Die Terrine schmeckt auch kalt sehr gut.

Ente gut, alles gut

Als Sohn eines Jägers hatte ich nur zwei Möglichkeiten – entweder ich schüttelte die familiäre Jagdtradition angewidert ab oder ich folgte ihr. Ich tat Letzteres, legte die Jagdprüfung ab, lernte nette Leute kennen und konnte mit dem Jagdhornblasen auch meinen musikalischen Ambitionen frönen.

Außerdem gab es da noch eine zweite Sache, die mir quasi in die Wiege gelegt wurde. In meiner Familie wurde „Ente gefahren", Sie wissen schon, 2CV. Und zwar exzessiv. In den besten Zeiten parkten in unserer Gasse annähernd zehn Enten hintereinander. Und die Reisen nach Griechenland in campingmäßig voll ausgerüsteten und heillos überfüllten Enten im endlosen Konvoi möchte ich auch nicht missen.

Dann zogen die Jahre ins Land, und ich fuhr mittlerweile mit einem richtigen Auto, auch auf die Jagd. Doch während ich feststellen musste, dass das Erlegen von Enten eine äußerst schwierige Angelegenheit war – sie waren teilweise einfach zu schnell für mich – entsann ich mich meiner alten Leidenschaft.

Heute habe ich mit allen Enten mein Auslangen gefunden. Mit der einen gondle ich auf angenehm entschleunigte Weise durch die Lande und restauriere mit viel Hingabe in die Jahre gekommene Blechbüchsen zu wahren Schmuckstücken (www.wunschente.at). Das Erlegen der flugfähigen Enten hingegen überlasse ich zumeist anderen. Dafür hab ich mich auf die schmackhafte Zubereitung und den anschließenden Verzehr derselben verlegt ...
Ente gut, alles gut.

Benedikt Ségur-Cabanac

Tauben im Speckmantel

mit Fisolen in Speck und Spiralnudeln
an Ingwer-Schokoladensauce

Benedikt Ségur-Cabanac
Tauben im Speckmantel

mit Fisolen in Speck und Spiralnudeln
an Ingwer-Schokoladensauce

Zutaten für 4 Personen

8 gerupfte und ausgenommene Tauben
1 EL Salz
12 Scheiben Speck, dünn geschnitten
½ l Rotwein
½ l Rindsfond oder Rindsuppe

Gewürzmischung
1 EL Pfefferkörner
5 Wacholderbeeren
1 EL Rosenpfeffer
2 Rosmarinzweige

Fisolen im Speckmantel
ca. 500 g frische Fisolen
20 Speckscheiben, dünn geschnitten

Schokoladensauce
¼ l Bratensaft der Tauben
ein wenig Ingwer
1 Becher Obers
ca. 2 kleine Rippen Bitterschokolade
1 Schuss Rum

Zubereitung

Schritt 1
Zunächst die Fisolen putzen, gesalzenes Wasser zum Kochen bringen und die Fisolen darin bissfest kochen.
Für die Gewürzmischung alle Zutaten mit einem Messer klein hacken und gut vermischen.

Schritt 2
Tauben innen und außen salzen, mit der Gewürzmischung gut einreiben und ca. 30 Minuten rasten lassen. Tauben in eine Bratform legen.
Variante mit Marillenfüllung: Geschnittene alte Semmeln, getrocknete Marillen und ein wenig Milch zu einer Fülle kneten und in die Tauben stopfen, bevor man sie mit Speckscheiben umwickelt und in das Backrohr gibt.

Schritt 3
Speckscheiben über die Taubenbrüste legen, Wein und Fond oder Suppe in die Form gießen, so dass der Boden circa mit 1 cm bedeckt ist, alles bei 200 °C ca. 30 Minuten Umluft ins Backrohr, immer wieder aufgießen.
Alternativ kann man die Tauben auch in der Pfanne anbraten, bis sie eine schöne Bräune haben, und dann im Rohr rasten lassen.

Schritt 4
Fisolen abseihen und unter kaltem Wasser abschrecken (dann bleiben sie schön grün).
Speckscheiben um ein Bündel Fisolen wickeln (etwa 5 Stück) und die Bündel in der Pfanne anbrutzeln.

Benedikt Ségur-Cabanac, Geschäftsführer der BIO-TECH GmbH

Schritt 5
Nach ca. 30 Minuten sollte das Fleisch in Rohr durch sein. Trick zur Kontrolle: Wenn man die Brust neben dem Brustbein ansticht, und es kommt Saft raus, ist es gut. Dann Rohr ausschalten und in der Resthitze rasten lassen.

Schritt 6
Für die Schokoladensauce ¼ l Bratensaft in einen Topf abgießen, ein wenig Ingwer hineineinreiben und aufkochen. Dann Temperatur zurückdrehen, Obers hinzufügen, Bitterschokolade dazugeben, ständig umrühren, sonst legt sich die Schokolade an. Mit einem Schuss Rum abschmecken.
Die Tauben mit den Fisolen und der Sauce anrichten.

Tipp
Als weitere Beilage Spiralnudeln, Tagliatelle oder Kroketten reichen.

Es war der Hund

Stille draußt im finstren Tann,
Doch dann: – was dringt an meine Lauscher?
Knurps, Knurps, was das bedeuten kann?
Der Atem stockt! Ich denk bei mir:

Hat Reineke der alte Gauner,
wohl Freund Lampe sich zu seinem nächtlich Mahl bereitet?
Schnell den Stutzen von der Schulter,
eine tücht'ge Pris' Pulver in den Lauf,
davor ein selbst gegoss'ner Patzen Blei –
Ruhig Blut!

Wohl gezielt,
zur rechten Zeit den Finger krumm gemacht,
der Rest liegt in Dianas wankelmüt'ger Hand.
Doch Halt! Doch nein!
Was sehen meine trüben Augen.
Es ist ein Hund! (der mein'ge noch dazu)
Liegt da gebettet weich auf meinem prall gefüllten Ranzen,
hält geschickt den Riemen aus gegerbter Rinderhaut ...

... und kaut!

Gottfried Großbointner

Ragout von Wildentenherzen und -lebern

Gottfried Großbointner
Ragout von Wildentenherzen und -lebern

Eine Kleinigkeit zum Abendessen oder eine kleine Spielerei als Vorspeise. Vor allem aber auch eine schmackhafte Verwertung der sonst wenig beachteten Teile des Wildes. Die Innereien sind die Basis für ein kleines Gericht, und aus den Karkassen der Stockenten kocht man einen Fond, der zum Aufgießen benötigt wird.

Zutaten für 4 Personen

200 g Wildentenherzen und -lebern, fein geschnitten
1 EL Butter
2 Karotten
1/3 Stange Lauch
1 Schalotte
1 Schuss Balsamico-Essig
1/4 l Wildentenfond
frischer Salbei
Salz, Pfeffer

Bandnudeln
Parmesan

Zubereitung

Schritt 1
Zuerst die klein gewürfelten Herzen in etwas Butter anbraten. Dann fein gewürfelte Karotten, Lauch und Schalotte dazugeben. Erst wenn alles durchgeschmort ist, auch die ebenfalls fein gewürfelten Entenlebern unterrühren und mit etwas Balsamico-Essig ablöschen.

Schritt 2
Mit dem Entenfond aufgießen, mit dem fein geschnittenen Salbei sowie mit Salz und Pfeffer würzen und das Ragout schmoren, bis es eine sämige Konsistenz erreicht hat.

Schritt 3
Das Ragout mit frisch gekochten Bandnudeln und mit ebenfalls frisch geriebenem Parmesan bestreut servieren.

Gottfried Großbointner, Psychologe und Psychotherapeut

Entenjagd

Die Stockente hat zumindest zwei für Jäger sehr interessante Eigenschaften: Einerseits kommt sie in Revieren, die über genügend Wasserflächen verfügen, in erfreulich großer Zahl vor und ist somit in ihrem Bestand nirgendwo gefährdet. Andererseits bietet sie wegen ihres raschen Fluges dem passionierten Flugwildschützen ein anspruchsvolles Ziel, was die Genugtuung über einen gelungenen Treffer steigert.

Es gibt verschiedene Arten der Jagd auf Enten. Im Treiben lassen sie sich bei guter Revierkenntnis und geschicktem Vorgehen relativ verlässlich vor die angestellten Schützen bringen. Häufiger werden sie aber am so genannten Strich bejagt, das heißt beim morgendlichen oder abendlichen Flug zwischen Ruheplätzen und Futterstellen. Dieser Entenstrich findet in unserem Revier hauptsächlich entlang der vorhandenen Fließgewässer statt.

Ich selber bevorzuge dabei den Morgenstrich, besonders im Frühherbst. Selten ist die Natur in ihrer Farbenpracht stimmungsvoller. Über dem Wasser liegt noch ein leichter Morgennebel, wenn in der ersten Dämmerung die Enten zu streichen beginnen. Zuerst ist nur das Pfeifen der Schwingen zu hören, und die Vögel werden mehr geahnt als gesehen. Noch ist es schwierig, überhaupt einen Schuss loszuwerden, geschweige denn zu treffen. Dann, wenn die Sonne langsam aus dem Dunst des Herbstmorgens aufgeht, steigt die Spannung. Die Sinne sind gespannt, um die ersten Zeichen nahender Enten nicht zu verpassen. Das schnelle, meist überraschende Auftauchen des Wildes erfordert eine rasche Entscheidung zum Schuss, immer wieder unterschätze ich dabei die Schnelligkeit des Fluges und schieße hinten vorbei.

Umso größer ist dann aber die Freude über einen gelungenen Treffer, manchmal gar einer Dublette, gefolgt vom lauten Aufklatschen der Beute im Wasser oder dem dumpfen Aufschlag am Ufergrund. Und das alles vor der großartigen Kulisse des von den ersten Sonnenstrahlen zum Leuchten gebrachten Auwaldes.

Jetzt muss das erlegte Wild nur noch geborgen werden. Mit einem guten Hund ein Kinderspiel, für den Jäger in Stiefeln oder gar barfuß, wenn es noch nicht zu kalt dafür ist, im fließenden Wasser ist es manchmal ein Balanceakt.
War es ein erfolgreicher Morgen, wird auf der Sandbank oder beim Wehr Strecke gelegt. Sonst aber kreisen die Gedanken auf dem Heimweg um die Frage, was ich beim nächsten Mal besser machen könnte. Vielleicht wäre ein anderer Platz erfolgversprechender, auf alle Fälle werde ich im Schuss noch beherzter vorschwingen müssen …

Maximilian Laprell
Geräucherte Forelle
im Kugelgrill

Maximilian Laprell
Geräucherte Forelle
im Kugelgrill

Zutaten für 4 Personen

2 frische Regenbogenforellen
Salz, Pfeffer
2 Knoblauchzehen
1 Bund Petersilie
4 Blätter Salbei
4 Stängel Rosmarin
1 Stängel Liebstöckel

Zubereitung

Schritt 1
Die Forellen innen und außen salzen und pfeffern. Den Knoblauch pressen und die Fische damit innen bestreichen. Die Petersilie, den Salbei, den Rosmarin und den Liebstöckel grob hacken und ebenfalls in den Fischen verteilen, mit Zahnstochern verschließen.

Schritt 2
Währenddessen die Grillkohle im Kugelgrill zum Glühen bringen und dann die Räucherspäne (im Fachhandel erhältlich, z. B in Angler-Geschäften) oder trockene Holzspäne (z. B. Erle) auf der glühenden Kohle platzieren.
Die Forellen nicht direkt über die Glut legen, sondern in eine Alugrilltasse legen (so tropfen Saft und Fett der Forellen nicht in die Glut). Die Alutasse mit den Forellen an den Rand des Grills stellen, so dass sie nicht der ummittelbaren Hitze ausgesetzt sind. Nun den Kugelgrill schließen und ein paar Minuten warten, bis die Rauchentwicklung zufriedenstellend ist.
Die Öffnungen beim Deckel fast gänzlich schließen, so dass die Hitze deutlich reduziert wird, das Holz aber noch schwelt.

Schritt 3
Den Deckel nur selten öffnen, nach 30 Minuten die Forellen überprüfen. Sie sollten nun goldbraun sein und auf Druck leicht und saftig nachgeben (spätestens nach 45 Minuten sollten normal große Forellen komplett gegart sein).
Die Forellen mit Zitronenscheiben und frischem Oberskren servieren, dazu Preiselbeermarmelade reichen.

Resteverwertung auf höchstem Niveau

„Finger weg von den Töpfen", hat unsere Haushälterin immer geschrien, wenn mein Bruder und ich uns gerade daran machten, einen der Deckel aufzuheben, unter denen die Nudeln dämpften. Leider machte ich einmal die bittere Erfahrung, was passierte, wenn ich nicht rechtzeitig zur Raison gebracht wurde. Nicht nur, dass meine gesamte Familie, sehr zu ihrem Unmut, nun Germteigklumpen anstatt luftiger Nudeln zum Wildbret essen musste, sondern auch, wie flink und treffsicher unsere Haushälterin mit ihrem Kochlöffel umgehen konnte.
Zum Glück sollte das nicht das Einzige bleiben, was ich von meinen Großeltern und ihrer Haushälterin in den Jahren, in denen wir bei ihnen am Tegernsee aufgewachsen sind, lernen sollte. Besonders meine Verbundenheit zur Natur, zur Jagd und zu den Bergen stammt aus dieser Zeit. Und auch mein besonderes Verhältnis zum Lebensmittel Wild.
Deswegen möchte ich dieses Rezept meinen Großeltern widmen, die mich auf ihre unbeschreibliche Weise den Respekt vor allem Lebenden gelehrt haben und mir gezeigt haben, wie man auch mit kargsten Mitteln etwas Wunderbares zubereiten kann. Deshalb habe ich das folgende Rezept gewählt – und weil's einfach saugut schmeckt!

Maximilian Laprell, Schauspieler und Jäger

Gekochtes Wildbret
mit süßen Dampfnudeln

Zutaten für 4 Personen

2 Träger vom Reh
(oder 1 Träger vom Hirsch)

Sauce
160 g Butter
1 kleine Zwiebel, fein gehackt
200 g Mehl
400 ml Rotwein
2 Lorbeerblätter
einige Wachholderbeeren
Salz und reichlich schwarzer Pfeffer
aus der Mühle
Rotweinessig

Dampfnudeln
500 g Mehl
40 g Germ
250 ml lauwarme Milch
100 g weiche Butter
1 Prise Salz
2 Eidotter
Mehl für die Arbeitsfläche

etwas Fett zum Backen
2–3 EL Zucker
6 EL Milch

Preiselbeeren zum Garnieren

Zubereitung

Schritt 1
Die (den) Träger in reichlich Wasser aufkochen und dann für ca. 2 Stunden sieden lassen, bis sich das Fleisch problemlos vom Knochen lösen lässt.

Schritt 2
Währenddessen den Teig für die Dampfnudeln vorbereiten. Mehl in eine Schüssel sieben und eine Mulde machen. Darin die Germ, Milch und etwas Mehl verrühren. Etwa 20 Minuten gehen lassen. Nun die restlichen Zutaten (außer dem Fett und dem Zucker zum Backen) dazugeben und zu einem geschmeidigen Teig verkneten.

Schritt 3
Den Teig auf einer bemehlten Arbeitsfläche ca. 2 cm dick ausrollen. Mit einem Trinkglas die Scheiben ausstechen, diese auf einem mit Backpapier ausgelegten Backblech ca. 20 Minuten gehen lassen.

Schritt 4
Für die Sauce die Butter in einen großen Topf geben und die fein gehackten Zwiebeln glasig dünsten. Das Mehl hinzugeben und goldgelb rösten. Geschirr von der Kochstelle nehmen, vorsichtig unter Rühren mit dem Wein aufgießen, glatt rühren, zum Kochen bringen, Lorbeerblätter und Wachholderbeeren zugeben. Unter ständigem Rühren etwas Sud von den gekochten Trägern hinzugeben, bis die Sauce die gewünschte Konsistenz erhält. Bei mäßiger Hitze 10–15 Minuten offen kochen lassen. Mit Salz, reichlich Pfeffer und Rotweinessig abschmecken, das von den Knochen gelöste Trägerfleisch hinzugeben und warm halten.

Schritt 5
Für die Dampfnudeln Fett in eine hohe Pfanne geben und den Zucker auf den Boden streuen. 6 EL Milch hinzufügen, Dampfnudeln hineinsetzen und sofort den Deckel schließen. Nach 20 Minuten Deckel öffnen (nicht vorher!!!) und Dampfnudeln herausnehmen.
Das gekochte Fleisch in der Sauce mit den Dampfnudeln und mit Preiselbeeren garniert servieren.

Fonds und Saucen

Basisrezept für Wildfond

Selbst zubereiteter Wildfond bildet die unübertroffene Grundlage für Wildsaucen mit unterschiedlichsten Leitaromen. Zubereitungszeit ca. 4 Stunden.

Zutaten für ca. 3 Liter

5 kg Wildknochen mit Fleischabschnitten
1 kg Wurzelgemüse (Zwiebeln, Karotten, Lauch und Sellerie)
2 Paradeiser
6 EL Olivenöl
100 g Paradeisermark
2 l Rotwein
4 Knoblauchzehen
30 Wacholderbeeren
15 Lorbeerblätter
5 Nelken
1 Bunde Petersilie
einige bunte Pfefferkörner
etwas Meersalz

Zubereitung

Schritt 1
Zwiebeln, Karotten, Lauch und Sellerie putzen, würfelig schneiden, Paradeiser vierteln.

Schritt 2
Die Knochen und Fleischreste in einem großen Bräter im heißen Olivenöl anbraten, bis diese gut gebräunt sind, dann das klein geschnittene Gemüse hinzugeben. Alles 10 Minuten weiterbraten und dann das Paradeisermark hinzufügen, alles weitere 5 Minuten rösten, dann mit 1 l Rotwein ablöschen.

Schritt 3
Den Rotwein vollständig einkochen lassen, den Sud erneut 3 Minuten braten, dann mit dem restlichen Rotwein aufgießen.

Schritt 4
Nun die zerdrückten Knoblauchzehen und die Gewürze dazugeben und alles mit ausreichend Wasser aufgießen, so dass auch die Knochen mit Flüssigkeit bedeckt sind, alles 3 Stunden auf kleiner Hitze köcheln lassen.

Schritt 5
Danach den Wildfond abkühlen lassen, überschüssiges Fett von der erkalteten Oberfläche abschöpfen.

Tipp
Den feinen Wildfond in Gläser oder Beutel abfüllen, diese kalt oder tiefgekühlt lagern. Eingefroren hält sich der Fond problemlos bis zu 6 Monate.

Cumberlandsauce

Diese Variation der klassischen Cumberlandsauce passt besonders gut zu kaltem Wildbraten. Zubereitungszeit ca. 20 Minuten.

Zutaten für 4 Personen

1 rote Zwiebel
ca. 10 g frischer Ingwer
1 TL Öl
50 ml Ribiselsaft
200 g Ribiselgelee
1 TL scharfer Senf
1 EL Kren, gerieben
1 EL Pernod
Salz

Zubereitung

Schritt 1
Die geschälte, fein gewürfelte Zwiebel und den geschälten, fein gehackten Ingwer zusammen im Öl anbraten. Anschließend mit dem Ribiselsaft ablöschen und 7 Minuten köcheln lassen.

Schritt 2
Nun das Ribiselgelee sowie Senf, Kren und Pernod unterrühren und mit dem Pürierstab glatt rühren. Abschließend die Sauce noch mit Salz abschmecken, eventuell mit einigen Orangenzesten garnieren und lauwarm zu Wildgerichten servieren.

Selbst gemachtes Wildgewürz

Zutaten

1 EL schwarze Pfefferkörner
1 EL Koriandersamen
1 ½ EL Pimentkörner
1 EL Wacholderbeeren
1 TL Kümmel
1 TL Gewürznelken
4 Wacholderbeeren
4 Lorbeerblätter
1 TL gelbe Senfkörner
1 TL Muskatnuss, gemahlen
1 TL Liebstöckel

Zubereitung

Alle Gewürze außer Muskatnuss in einem Mörser (oder einfacher: mit einer Mühle, falls vorhanden) fein vermahlen, dann noch Muskatnuss gründlich untermischen. Gewürzmischung in Gläsern mit Schraubdeckel abfüllen und dunkel lagern. Jedes Mal vor Gebrauch die Gläser gut durchschütteln bzw. auf den Kopf stellen, da sich Gewürze mit höherem spezifischem Gewicht mit der Zeit nach unten absetzen.

Tipp
Zum Würzen braucht man pro Gericht ca. 2 TL.

Wildsauce mit Pfeffer

Delikate Pfeffersauce mit ganzen Pfefferkörnern, besonders zu kurz gebratenem Wildfleisch passend. Zubereitungszeit ca. 20 Minuten.

Zutaten für 6 Personen

500 ml Wildfond
(oder 200 ml Wildjus)
15 g eingelegter grüner Pfeffer
ca. 30 schwarze (oder rote) Pfefferkörner
10 g Zucker
2 cl Cognac
40 ml Portwein
1 EL Butter
100 ml Obers
(optional zur Verfeinerung)
etwas Meersalz

Zubereitungszeit ca. 30 Minuten

Zubereitung

Schritt 1
Den Wildfond auf mindestens die Hälfte einreduzieren lassen (wenn man Wildjus verwendet, ist dies nicht nötig). Die gut abgetropften grünen Pfefferkörner und die schwarzen Pfefferkörner mit dem Zucker in einer Pfanne karamellisieren.

Schritt 2
Den karamellisierten Pfeffer mit dem Cognac und dem Portwein ablöschen, diese Flüssigkeit auf die Hälfte einreduzieren lassen.

Schritt 3
Diese Reduktion mit dem einreduzierten Wildfond (oder dem Wildjus) aufgießen und beliebig scharf mit Pfeffer und Salz abschmecken.

Schritt 4
Die Butter (und falls gewünscht das Obers) zur Sauce hinzufügen, erneut kurz aufkochen lassen und mit Meersalz abschmecken.

Tipp
Diese Pfeffersauce eignet sich gut als „Spiegel": Dazu wird die Sauce auf Tellern verteilt, darauf wird dann das Fleisch angerichtet. Passt besonders gut zu kurz gebratenem Wildfleisch.

Birnen süß-sauer

Zutaten für ca. 7 Einmachgläser

2 kg Birnen
1 kg Zucker
200 ml heller Weinessig
¼ l trockener Weißwein
2 Stangen Zimt
1 Ingwerstück, getrocknet
1 EL Muskatnuss, gerieben
1 EL Senfkörner
1 TL weiße Pfefferkörner
½ TL Salz

Zubereitung

Zubereitungszeit ca. 20 Minuten

Schritt 1
Birnen schälen, in Spalten schneiden, Kerngehäuse entfernen. Gewürze fünf Minuten kochen. Die Birnen in zwei oder drei Portionen nacheinander in dem würzigen Sirup durch und durch glasig kochen. Abtropfen lassen und in die Einmachgläser schichten.

Schritt 2
Sirup 10 Minuten einkochen, in die Gläser gießen und sofort verschließen.

Feigenpfeffer

Zutaten

11 Feigen
125 ml Weißwein
125 ml Wasser
2 Lebkuchen
1 Scheibe Weißbrot
1 EL Honig
1,5 l Balsamico-Essig
10 Pfefferkörner, schwarz
2 Prisen Zimt
1 Prise Kardamom

Zubereitung

Schritt 1
Die Feigen häuten und in der Mischung aus Weißwein und Wasser 5 Minuten bei geringer Hitze kochen lassen. 8 Feigen herausnehmen und warm stellen. Die restlichen Feigen in dem Sud weiterkochen, bis sie zerfallen.

Schritt 2
Die zerbröselten Lebkuchen und das zerzupfte Weißbrot hinzufügen, mit Honig, Balsamico-Essig, im Mörser fein zermahlenen Pfefferkörnern, Zimt und Kardamom abschmecken. In eine flache Schüssel geben und die knapp gegarten ganzen Feigen darauf platzieren.

Vogelbeergelee

Die Beeren der Eberesche werden auch als Vogelbeeren bezeichnet, da sie von Vögeln gerne gefressen werden. Die Eberesche (Sorbus aucuparia) ist ein häufig anzutreffender Baum. Eine Abart ist die süßfruchtige Mährische Eberesche (Sorbus aucuparia moravica). Die als Beeren bezeichneten Früchte sind botanisch Sammelbalgfrüchte. Werden sie im rohen Zustand verzehrt, können sie Erbrechen und Durchfall bewirken. Bei eingekochtem Vogelbeermus, bei Kompott oder Gelee besteht jedoch keine Gefahr. Ihre Beliebtheit als Beilage zu Wildgerichten liegt an ihrem herben, zuweilen auch leicht bitteren Geschmack, besonders in Kombination mit Zucker und Gewürzen.

Zutaten

1 kg Vogelbeeren
½ l Wasser
500 g Gelierzucker (2:1)
40 ml Wacholderschnaps

Zubereitung

Die Beeren von den Dolden abstreifen, waschen und gut abtropfen lassen. Im Wasser etwa 1/2 Stunde richtig weich kochen und anschließend im Mixer pürieren. In ein Mulltuch schütten und 24 Stunden abtropfen lassen, dabei aber nicht durchdrücken. Den Saft mit dem Zucker und dem Wacholderschnaps bis zur Geleeprobe einkochen.

Quittengelee

Zutaten für 4–5 Gläser à 200 ml

Saft von 1 Zitrone
2 l Wasser
1,5 kg Quitten
3 Orangen
300 g Gelierzucker (3:1)
Zimt

Zubereitung

Schritt 1
Zitronensaft und 2 l Wasser in eine Schüssel geben. Quitten mit einem trockenen Tuch abreiben und in grobe Stücke schneiden, dabei Stiel- und Blütenansatz entfernen. Quitten sofort in das Zitronenwasser geben, damit sie sich nicht verfärben.

Schritt 2
Quittenstücke in einen Topf geben. Mit 500 ml vom Zitronenwasser aufkochen und zugedeckt 30–40 Minuten bei milder Hitze weich kochen. Den Saft vorsichtig durch ein feines Sieb ablaufen lassen.

Schritt 3
Orangen auspressen und den Quittensaft damit auf 900 ml auffüllen. Gelierzucker und Zimt zugeben, verrühren und aufkochen. Ab dem Zeitpunkt des Kochens unter Rühren 3 Minuten sprudelnd kochen lassen. Sofort randvoll in Gläser füllen, fest verschließen und für 5 Minuten auf den Kopf stellen.

Schlehenmus mit Zwetschken

Zutaten

500 g Schlehen, entsteint
500 g Zwetschken, entsteint
500 ml Früchtetee
1 TL Zimt
½ TL Gewürznelken, gemahlen
1 Prise Sternanis (wenig)
350 g Honig
pektinhaltiges Geliermittel
(Menge nach Herstellerangabe)

Zubereitung

Schritt 1
Schlehen und Zwetschken mit Früchtetee aufkochen, unter Rühren bei milder Hitze etwa 15 Minuten köcheln lassen. Durch ein Sieb passieren, Zimt, Gewürznelken, Sternanis, Honig und Geliermittel zugeben, unter Rühren aufkochen und 3 Minuten köcheln lassen.

Schritt 2
In heiß ausgespülte Schraubdeckelgläser füllen, verschließen, umgedreht abkühlen lassen.

Tipp
Schlehen sind besonders gerbstoffreich und sollten möglichst erst nach dem ersten Frost gesammelt werden. Der Effekt des Frostes, nämlich Gerbstoffe abzubauen, lässt sich auch erreichen, wenn man die Früchte einen Tag einfriert.

Schlehengelee

Zutaten

1 kg Schlehen
500 g Kochäpfel (Boskop)
3 EL Zitronensaft
Gelierzucker (Menge nach Packungsangabe)

Zubereitung

Schritt 1
Die Schlehen rundum mit einer dicken Nadel einstechen, die Äpfel schälen und vierteln. Zusammen mit so viel Wasser aufsetzen, dass die Früchte bedeckt sind, Zitronensaft zugeben. Aufkochen und etwa 1 Stunde sanft köcheln lassen. Bereits im Topf zu dickem Mus schlagen und dann über Nacht durch ein Mulltuch abtropfen lassen.

Schritt 2
Den Fruchtsaft wiegen und Gelierzucker einrühren. Unter Rühren zum Kochen bringen, etwa 10 Minuten sprudelnd kochen lassen. Heiß in Gläser füllen und sofort verschließen.

Rund um die Jagd

Jagdmusik
Ein geschichtlicher Überblick von Peter Horejsi, Hornmeister der Jagdhornbläsergruppe „Herzbock"

Wozu braucht man Jagdsignale, Jagdfanfaren und Jagdmusik? Ganz einfach: Erstens zur Verständigung für Jagdgesellschaften über weite Entfernungen hinweg und zweitens für die musikalische Vielfalt. Und das nicht nur bei Jägerfesten, sondern auch als wesentliche Bestandteile in Orchesterwerken (der Donauwalzer beginnt z. B. mit Hörnerklang).

Wie uns die Geschichte berichtet, wurden gesangliche Jagdrufe, die für kürzere Distanzen zum Einsatz kamen, mit geblasenen Horntönen für größere Entfernungen kombiniert. Diese Töne erzeugten unsere urzeitlichen Vorfahren höchstwahrscheinlich mit Hörnern von Rindern, Widdern und Antilopen, aber auch mit zu flötenartig umgebauten Knochen und Stoßzähnen, wie Ausgrabungen vermuten lassen.

Wichtig für die Verständigung mittels Tönen in freier Natur ist, dass die erzeugten Klänge nicht in der Natur vorkommen. So war es auch notwendig, die Töne in verschiedenen Rhythmen zu blasen, um bestimmte Nachrichten weitergeben zu können.

Von der Antike bis ins Mittelalter waren Jagdhörner als Signalinstrumente in kleiner Bauart gebräuchlich, um sie zu Pferd mitnehmen zu können. Sie waren aus Holz und Metall gebaut und manchmal auch reichlich verziert. Über ihren Tonumfang ist wenig bekannt, ebenso wie über damalige Rhythmen und Melodien. Erste verlässliche schriftliche Aufzeichnungen gibt es aus dem Mittelalter. In diesen Jagdtraktaten (Jagdlehrbüchern) sind die Jagdrufe und die Melodien in Noten für Jagdsignale niedergeschrieben. Die bis in unsere Zeit erhaltenen und bekanntesten Jagdrufe sind „Halali!" und „Horridoh!". „Halali" stammt vom altfranzösischen Jagdruf „Ha la li", was soviel heißt wie: „Ha, da liegt sie (die Beute)". Das Herbeirufen der Hunde „Horridoh" stammt aus dem bayrischen Raum und bedeutet „Ha, Rüd', da!"

Neben dem Jagdschwert war das Horn der kostbarste Besitz des jagenden Ritters. Um es zu Pferd gut handhaben zu können, war es kurz gestaltet und gab nur einen Ton von sich. Dieser Grundton wurde als „Hift" oder „Hief" bezeichnet, wodurch die Bezeichnung Hifthorn oder Hiefhorn entstand.

Die Signale wurden aus sechs Grundrhythmen und davon gut unterscheidbaren Rhythmenketten gestaltet. Um 1500 gab es wichtige Fortschritte in der Metallbearbeitung, und es gelang, längere Rohrstücke in Kreisform zu biegen. Dies ermöglichte, das Horn beim Reiten über der Schulter zu tragen, und auch der Tonumfang erweiterte sich. Mit einer Rohrlänge von bis zu viereinhalb Metern war Anfang 1600 das Parforce-Jagdhorn entstanden. Durch verschiedene Lippenspannungen konnten nun mehrere verschiedene Tonhöhen und sogar die Durtonleiter erzeugt werden, womit die Grundlage jeder Blechbläsertechnik geboren war.

Frankreich war zu dieser Zeit im wahrsten Sinne des Wortes tonangebend. Es dauerte nicht lange, bis diese Jagdhörner zu uns nach Österreich kamen. 1680 brachte sie der böhmische Graf Sporck von einer Frankreichreise mit. Durch die große Beliebtheit der Jagdmusik an Europas Höfen verbreiteten sich diese Blechblasinstrumente sehr rasch.

Es wurden nun zweistimmige Musikstücke zum Vortrag gebracht, auch die Jagdherren wirkten oft begeistert mit. In den folgenden 200 Jahren wurden europaweit zahlreiche Signale, Fanfaren und Charakterstücke für den Jagdbetrieb komponiert. Wesentlicher aber war, dass das Jagdhorn in die Orchester der Kunstmusik Einzug hielt. Namhafte Komponisten ihrer Zeit gaben den Hörnern einen fixen Platz in ihren Werken, und bis heute denkt man bei ihrem Erschallen an Wald und Jagd.

Für die Kunstmusik wurden Hörner mit Ventilen entwickelt, die für die Jagdmusik traditionell nicht verwendet werden. Vielerorts wurden regional auch eigene Jagdhörner gebaut. So gibt es z. B. auch ein speziell österreichisches Jagdhorn, welches bis in die heutige Zeit von der „Lainzer Jagdmusik" gespielt wird. Im 19. Jahrhundert erreichte die Jagdmusik ihren kulturellen Höhepunkt. Vier- und fünfstimmige Stücke kamen zum Vortrag, wobei allerdings die meisten Komponisten anonym blieben. Nur wenige waren namentlich bekannt.

1878 wurden erstmals Signale und Fanfaren am königlich preußischen Jagdhof des Fürsten Pleß veröffentlicht. Komponiert waren sie von J. Rosner für ein militärisches Signalhorn mit trompetenartigem Klang. Dies war die Geburtsstunde der deutschen Jagdmusik mit dem bis heute üblichen Fürst-Pleß-Horn.
Mit dem Untergang der Monarchie und dem Ende des 1. Weltkrieges gingen fast alle Unterlagen über die österreichische Jagdmusik verloren. Geschichtlich bedingt fand die deutsche Jagdmusik, gespielt mit Fürst-Pleß-Hörnern, kombiniert mit Parforce-Hörnern in B, vor und während des 2. Weltkrieges in Österrcich ihren Einzug.

Diese Form des jagdlichen Musizierens ist bis heute in unserer Jagdkultur mit zahlreichen Kompositionen stark verankert. Obwohl das in Klangfarbe und Tonumfang dem österreichischen Jagdhorn ähnliche und ursprünglichere Horn das „Jagdhorn in Es" wäre, begeistert sich die Mehrzahl der musizierenden Jäger für Fürst-Pleß und Parforce-Hörner. Mehrere Gründe sprechen für ihren Siegeszug: Die Instrumente haben einen leistbaren Preis, das Erlernen des Spielens ist einfacher, und es gibt eine fast unerschöpfliche Auswahl an Kompositionen für diese Instrumente.

Kaiserjagd in Ischl

Die Mitglieder des Hauses Habsburg sind über die Jahrhunderte immer eng mit dem Weidwerk verbunden gewesen.

Einer, der das Jagdwesen seiner Zeit maßgeblich geprägt hat, war Kaiser Maximilian I. (1459–1519). Er hat das Weidwerk nicht nur in edelster Form ausgeübt, er wird auch als der „letzte Ritter" bezeichnet, was sich auf seine ritterliche Haltung bezieht. Maximilian I. hat sich auch theoretisch mit dem Weidwerk auseinandergesetzt. Der Nachwelt hat er seine Werke „Theuertank", Haimlich Gejaidt Puech" und „Weißkunig" hinterlassen. Er setzte Maßstäbe für die „jagdliche Ethik", die bis heute Gültigkeit haben.

Eine weitere Persönlichkeit aus dem Hause Habsburg, der das Weidwerk seiner Zeit beeinflusst hat, war Erzherzog Johann. Sein Großneffe, der spätere Kaiser Franz Joseph, sah in ihm sein jagdliches Vorbild.

Standen am Anfang der jagdlichen Laufbahn Kaiser Franz Josephs noch die „eingestellten Jagden" im Lainzer Tiergarten, bevorzugte er bald die Pirsch im Hochgebirge. Auch die von Franz Joseph im Salzkammergut durchgeführten Riegeljagden wurden im kleinen Rahmen mit wenigen Schützen aus dem Familien- und Freundeskreis und auch aus der Ischler Bürgerschaft durchgeführt.

Aufzeichnungen aus den Jahren 1903–1908 berichten über Riegeljagden aus dem Offenseerevier, an denen maximal zehn bis fünfzehn Schützen teilnahmen. Auch die Zahl der erlegten Stücke lag nicht so hoch, wie oft fälschlich berichtet. Im Durchschnitt waren es zehn bis zwanzig Stück.

Das Salzkammergut steht für die ersten und letzten Jagderlebnisse Kaiser Franz Josephs: Sein Vater, Erzherzog Franz Karl, hatte mit Erzherzog Ludwig ein Jagdrevier im Salzkammergut. Franz Joseph erlegte hier am 23. September 1843 als Dreizehnjähriger seine erste Gams auf der Hohen Schrott. Auch seinen letzten Pirschgang am 14. Juli 1914 machte er im Salzkammergut in Mitterweißenbach.

Die Einfachheit Seiner Majestät und seine Gewohnheit, sich gleich nach der Jagd an den Schreibtisch zu setzen, war sprichwörtlich.

Über die „Allerhöchste Einladung" sind uns die Abläufe der einzelnen Jagden überliefert.

Auf den Einladungen sind angeführt: Die zu bejagende Wildart (Hochwild und Gams), der Ort, das Datum, die Zusammenkunft, Frühstück in der Schwimmschule (meist um „1/4 4 h Früh"), Abfahrt (mit der Bahn oder Wagen) Triebanfang (meist 6 h Früh), Triebdauer (ca. 2–3 Stunden).

Rückfahrt nach Ischl (...vormittags), Gewehre zum Wächterhaus (bis spätestens ... abends).

Das Hofjagdgebiet im Salzkammergut umfasste 14 Reviere mit ca. 142.000 Hektar, von denen 50.000 Hektar vom Kaiser und den Mitgliedern des Hofes bejagt wurden. An Jagdpersonal gab es 20 Förster und 40 Berufsjäger sowie Jagdgehilfen.

Der Kaiser hatte zwei Lieblingsreviere. Eines war jenes um den Langbathsee am Nordende des Höllengebirges mit einem Jagdschloss am See. Die 17 Zimmer des „Schlosses" wurden auch gerne von anderen Familienmitgliedern benützt: von den Schwiegersöhnen Erzherzog Franz Salvator, dem Ehemann von Erzherzogin Marie Valerie, und von Prinz Leopold von Bayern, dem Ehemann von Erzherzogin Gisela. Das zweite Revier war jenes um den Offensee mit einer Ausdehnung von 11.000 Hektar, ebenfalls mit einem Jagdschloss am See. Das Offenseerevier war mit Abstand das Lieblingsrevier des Kaisers. Auch das bescheidene Jagdschloss ist auf vielen Abbildungen überliefert.

Bis in die heutigen Tage ist das Kaiser-Jagdstandbild in der Kaltenbachau ein Anziehungspunkt der Ischler Sommerfrischler.

Auf Initiative des Grünen Kreuzes wurde das Denkmal von der österreichisch-ungarischen Jägerschaft dem Kaiser zum 80. Geburtstag geschenkt.

Das Denkmal, vom Bildhauer Georg Leisek geschaffen, wurde am 24. August 1910 enthüllt und dem Kaiser übergeben. Ein riesiger Felsblock wurde aus Dürnstein zum Aufstellungsplatz transportiert. Für den Denkmalhirsch wurde das Geweih eines Zehnenders verwendet, den der Kaiser am Rosenstaudenschlag auf der

Hohen Schrott erlegt hatte. Die Feierlichkeiten dauerten mehrere Tage. Vom Linzer Bischof Dr. Hittmeier wurde eine Feldmesse abgehalten, und im Kurhaus fand ein Jägerball statt. Nach der Besichtigung des Denkmals durch den Kaiser marschierten über 3000 Mann (Jäger, Schützen, Veteranen, Feuerwehren und andere Vereine) am Kaiser vorbei. Ein Regenschauer überschattete das ganze Defilee, das der Kaiser, Schirm und Mantel ablehnend, in Jagdjoppe und kurzer Lederhose abnahm.

Auch den letzten Pirschgang ihn seinem Leben unternahm Franz Joseph in seinem geliebten Ischl. Oberförster Joseph Feichtinger, einer der Vertrauten des Kaisers, hat diesen letzten Ansitz für die Nachwelt schriftlich festgehalten. Die Ereignisse 1914 in Sarajevo bewirkten, dass der Kaiser später als sonst in Ischl eintraf und ein Minister nach dem anderen in der Kaiservilla vorsprach, wo dann auch das Manifest „An meine Völker" unterzeichnet wurde, das den Ersten Weltkrieg auslöste.

Oberförster Feichtinger schrieb:

„Als der Kaiser durch die Besprechungen derart aufgeregt wurde, dass sein Gesundheitszustand sehr zu wünschen übrig ließ, bestand der Leibarzt, Hofrat Dr. Kertzl, darauf, dass Se. Majestät zur Erholung einen Jagdausflug unternehme. Der Leibarzt brachte es also zustande, dass der Kaiser am 4. Juli 1914 zur Jagd nach Mitterweißenbach fuhr. … Ich schlug der Jagdverwaltung einen Ansitz in der Pöllitz vor. Es waren dort drei starke Hirsche, die regelmäßig sehr zeitig abends in einen kleinen Schlag auszogen. Die Beleuchtung für den Stand war außerordentlich günstig und der Stand leicht erreichbar. … Mein Vorschlag wurde angenommen, und Se. Majestät für 5 Uhr bei der Pöllitzbrücke gemeldet. Dort erwartete ich den hohen Jagdherrn. Noch nie erfüllte mich solche Bangigkeit vor der Ankunft des Kaisers wie diesmal. Sein hohes Alter (84 Jahre) machte mir mehr Sorgen, als ich mir eingestand … Bald hielt der Wagen. Während des Aussteigens fragte mich der Kaiser, wie es mir gehe. ‚Sie werden immer jünger!', und ein Lächeln huschte über seine ernsten Züge. … Ich meldete zwei Zwölfender. Majestät kam mir sehr aufgeregt vor. Der Kaiser hörte auch nicht mit so großem Interesse meinem Berichte zu wie sonst. Mir bangte um das gute Gelingen des heutigen Ansitzes, als ich Se. Majestät so unruhig und erregt sah. Nun gingen wir in den Stand. Die Ruhe, die der Kaiser sonst auf der Jagd zeigte, vermisste ich. Ich gab dem Leibjäger einen Wink und deutete auf den hohen Jagdherrn. Er zuckte mit der Schulter.

Es wurde 6 Uhr 40 Min., schon hörten wir die Hirsche im Wald brechen, da sagte der Kaiser ganz unerwartet: ‚Es ist mir schon zu dunkel.' Es war aber noch hinreichend Schusslicht. Der Leibjäger gab Sr. Majestät die Brillen. Der Kaiser schlug das Gewehr an, setzte ab und sagte: ‚Es ist zu finster!' und ging wortlos aus dem Stand. Erschrocken schaute ich auf Leibjäger Egger. Dieser schaute zu mir herüber; wir waren beide ratlos. Ich wagte nicht, Se. Majestät zu bitten, noch einige Minuten im Stand zu bleiben. Ebenso ging es dem Leibjäger. In unserer Bestürzung konnten wir nicht verhindern, dass der Kaiser zum Wagen ging. Se. Majestät stieg ein und sagte wie gewöhnlich: ‚Gute Nacht'. Wir sahen dem Wagen nach, jeder von uns hatte das Empfinden, dass wir wahrscheinlich unseren hohen Jagdherrn zum letzten Male gesehen hatten. …"
(Überliefert aus einer persönlich, familiären Aufzeichnung.)

So war es auch. Kaiser Franz Joseph I. starb zwei Jahre später, am 21. November 1916, im Schloss Schönbrunn.

Dr. Hans Leopold Ostermann

Rezeptverzeichnis

Altausseer Gamsgulasch   127
Angesetzter Walnussschnaps   65
Basisrezept für Wildfond   174
Birnen süß-sauer   177
Cumberlandsauce   175
Fasan im Speckmantel mit Paprika-Oberssauce   152
Fasanenterrine   159
Feigenpfeffer   177
Feldhasenschlögel im Rohr gebraten mit Salbei-Gnocchi   148
Frischlingsschlögel mit pochierten Birnen und Schupfnudeln   90
Gamsmilch   131
Gamssuppe mit Juliennegemüse und Gamslebertascherln   125
Gegrillte Wildente an Kürbisgemüse mit Walnüssen und herzhaftem Maronipüree   156
Gekochte Rehschulter mit Schwammerlsauce und gerösteten Erdäpfeln   60
Gekochtes Wildbret mit süßen Dampfnudeln   171
Geräucherte Forelle im Kugelgrill   170
Gewürz-Zirbenschnaps   131
Hasenterrine und Hase im Blätterteig   138
Hausgebeizter Gamsschinken   123
Hirschfleischknödel mit Speckkrustl-Sauerkraut   18
Hirschlaibchen   22
Hirschragout   32
Hirschrücken an Portwein-Maroni mit Rotkraut und Serviettenknödeln   36
Hirschtatar   42
Hirschterrine   28
Jagatopf   50
Maibock   46
Maroni-Sellerie-Suppe mit Fasanenbrust   153
Pappardelle al sugo di lepre – Hasensugo   144
Pikante Wildschweinleber   94
Quittengelee   178
Ragout von Wildentenherzen und -lebern   166
Rehbeuscherl   54
Rehleber mit karamellisierten Birnen   86
Rehragout mit Schokolade   64
Rehroulade im Schweinsnetz mit Mangoldgemüse und Apfelrotkraut   68
Rehrücken in Bockbiersauce mit Semmelknöderln und Speckfisolen   72
Rehrücken mit Kirschensauce und Nussnudeln   80
Rehschnitzel mit Weintrauben   87
Rehsuppe mit Rehleberknödeln   59
Saftige Stücke vom Wildschwein mit Pilzsauce, Bandnudeln und Brokkoli   108
Schlehengelee   179
Schlehenmus mit Zwetschken   179
Süße Gamsnockerln   129
Tauben im Speckmantel mit Fisolen in Speck und Spiralnudeln an Ingwer-Schokoladensauce   162
Vogelbeergelee   178
Wildburger   25
Wildgewürz, Selbst gemachtes   175
Wildkipferln   103
Wildsauce mit Pfeffer   176
Wildschinken-Salat mit frischen Erdbeeren   83
Wildschnitzelsemmel   115
Wildschweinroulade mit Feigen-Walnuss-Ricotta-Fülle   100
Wildschweinschlögel und Wildschweinrücken mit Eierschwammerl-Erdäpfel-Tascherln   118
Wildschweinschmalz   115
Wildschweinschnitzel in Kürbiskernpanade mit Erdäpfelsalat   112
Wildschweinsulz mit Blattsalaten und Vinaigrette   95

Glossar

Brösel	Krümel
Eidotter	Eigelb
Eierschwammerln	Pfifferlinge
Eierspeise	Rührei
Eiklar	Eiweiß
Erdäpfel	Kartoffeln
Faschiertes	Hackfleisch
Fisolen	grüne Bohnen
Germ	Hefe
Geselchtes	geräuchertes Fleisch
Glattes Mehl	fein gekörntes Mehl (niedrige Typenzahl, z. B. Type 405 in D bzw. Type W480 in Ö), das man meist für Gebäck und Mehlspeisen verwendet
Grammeln	Grieben
Griffiges Mehl	weniger fein gekörntes Mehl (höhere Typenzahl, z. B. Type 550 in D bzw. Type W700 in Ö), ist sehr gut quellfähig, lässt sich gut ausrollen und fomen und wird idealerweise für Nudeln oder Spätzle verwendet
Gröst'l	Pfannengericht (aus verschiedensten gerösteten Zutaten)
Hendl	Hühnchen
Kipferln	Hörnchen
Knödel	Klöße
Kohl	Wirsing
Kraut	Kohl
Maizena	Maisstärkemehl
Obers	Sahne
Paradeiser	Tomaten
Polenta	Maisgrieß
Porree	Lauch
Rahm	Sahne
Rotkraut	Rotkohl
Sauerrahm	saure Sahne
Schlagobers	Schlagsahne
Schlögel	Keule
Semmel	Brötchen
Semmelbrösel	Paniermehl
Semmelwürfel	Knödelbrot
Staubzucker	Puderzucker
Topfen	Quark
Weißkraut	Weißkohl

Nachwort

Es war uns ein Anliegen, nicht nur ein weiteres Kochbuch mit Wildrezepten zu veröffentlichen, sondern auch die Menschen hinter jedem einzelnen Gericht und deren Zugang zur Jagd zu beleuchten.
Die Idee entstand, als ich im Jagdkurs von meinem Ausbildner Peter Horejsi hörte: „Es gehen immer mehr Wildrezepte verloren, denn sie werden in den Familien nicht mehr weitergeben."
Dieser Satz berührte mich und gab mir zu denken, denn auch mir fiel auf Anhieb kein bekanntes Wildgericht und dessen Zutaten ein.

Mein Interesse war geweckt, und die Recherche begann. Ich wendete mich gleich direkt an Jäger, da ich mir von ihnen die besten und authentischsten Rezepte erhoffte – meine Erwartungen wurden nicht enttäuscht.

Es freute mich besonders, dass Jäger von heute starkes Augenmerk auf Nachhaltigkeit legen, was sich vor allem in der Verwertung und Verarbeitung des Wildbrets niederschlägt. Ich recherchierte weiter und fand sehr viele Hobbyköche unter den Jägern, die gerne bereit waren, mir – und durch das Buch auch einer breiteren Öffentlichkeit – ihr Lieblingsrezept mit einer persönlichen Jagdanekdote zu verraten.

Die Idee war geboren, und ich fand in Joseph Gasteiger-Rabenstein und Paul Lensing die perfekten Partner für die Umsetzung des Buchs JÄGER KOCHEN WILD. In Händen halten Sie nun also keine bloße Rezeptsammlung, sondern einen Bildband, der zum Nachkochen und Schmökern einlädt.

JÄGER KOCHEN WILD soll ein Nachschlagewerk für jeden sein – vom Hobbykoch bis zum passionierten Jäger. Der einende Grundgedanke dabei: dem Wild die höchste Ehre erweisen, indem man herrliche, qualitätvolle Gerichte aus dem erlegten Wildbret zubereitet.
In diesem Sinne wünsche ich Weidmannsheil und guten Appetit!

Lisa Helena Lensing